中国情陸

中国人から学ぶ
中国ビジネスの極意

フード・ビジネスプロデューサー
柿澤 一氏 著

メディア総合研究所

中国情陸　中国人から学ぶ中国ビジネスの極意　目次

※ 鄒 ＝中国ビジネスに役立つスペシャリストコラム（鄒大慶）
※登場する方々については、当時の肩書きを記載しています
※文中の換算レートは一元＝一五円です

プロローグ

「これまでに味わったことのない素晴らしい料理、そしてサービスだった。すごいと評判だったけれど実は半信半疑だったんだ。来てみて、ほんとうによかったよ。また食べたいんだが、今日で閉店だなんて、実に惜しいな」

半年間にわたる上海万国博覧会が閉幕した二〇一〇年一〇月三一日。私が総支配人を務めた上海万博日本産業館 料亭『紫 ＭＵＲＡＳＡＫＩ』が半年間でお迎えしてきたお客様約三〇〇〇人の、最後の一組の方から頂戴した言葉である。

料亭『紫 ＭＵＲＡＳＡＫＩ』は、しょうゆを中心とした調味料・食品の製造・販売で、世界中にその名を知られるキッコーマン株式会社が、上海万博の日本産業館内に出展した店だ。客席は造り込まれた個室が五つだけで完全予約制。京都の星付き料亭から料理人を複数招聘し、一人前三〇〇〇元（日本円で約四万五〇〇〇円）という価格の本格懐席コースを供した。上海万博の舞台で果敢にも「日本食文化の最高峰」を伝えるべく出展されたこの料亭の話題を、読者の皆様も耳にされたことがあるかもしれない。

満面の笑みでお帰りになる最後のお客様に、私は女将と並んで深々とお辞儀をし、お姿が見えなくなるまで見送った。これまでの半年間、毎日してきたように。

でも、そのあとがいつもとは違った。スタッフ全員――料理人、洗い場スタッフ、女将、仲居、そして『紫 MURASAKI』の事業主体であるキッコーマンの社員さん、総勢三四名が、座敷に集まってきた。今日が、チーム『紫 MURASAKI』で共に過ごすことのできる、最後の夜。明日になれば、スタッフ全員が巣立っていくのだ。その頬という頬が紅潮し、目がすこし潤んでいるのがわかる。私にもぐっとこみ上げるものがあった。

「皆さんのおかげで一八四日間、無事に終えることができました！」私はそう言って、一人一人の手を握り締め、あるいは抱き合った。


とりわけ、料亭や仲間とのわかれを惜しんで涙ぐんでいるのは、仲居さんたちだった。紫色の揃いの着物に身を包み、美しい笑顔で、京都の一流料亭ばりの接客をしてきた彼女たち、実は全員が中国人だ。純和風の立ち居振る舞いで、日本語での料理説明もこなした仲居ぶりに、日本のお客様からは「君、どこの出身？ 京都？」と尋ねられた。逆に中国の方からは「中国語が上手だね。上海は何年目？」と褒めそやされた。多くのお客様が、日本人だと信じて疑わなかったのだ。

しかし八ヶ月前の彼女たちは、全くの別人だった。日本語はできても、《料亭》がどんなものなのかもはっきり知らず、着物を着たこともなかったのである。

『紫 MURASAKI』が無事に成功を収めたことは、「三〇〇〇元という高額にもかかわらず、約三〇〇〇人のお客様にご来店いただいた」「延べ一二〇〇媒体もの記事掲載があった」といった数字にも表われた。おかげ様で私も講演会等でこの「成功談」をお話しするのに忙しかった。

私が中国で仕事をしたのは、この万博が初めてだ。元々は和食の料理人で、とくに華々しいビジネスをしていたわけでもなく、しかも中国語はまったくわからない。携《たずさ》えていたのは、情熱と夢だけ。言ってみれば、中国に「情陸《じょうりく》」した形だった。そんな私が成功したのだから、それには大いなるワケがある。もちろん現場では難題が次々巻き起こった。食材調達のことやら開幕前夜まで続いた工事のこと、料理人が自前の包丁を会場へ持ち込めなかったこと。開幕後にもトラブルはもぐら叩きのごとく発生した。

なかでも人材教育は、その最たるものだ。講演においても、他の何にも増して興味を持たれるのが「どうやって中国人の仲居さんを教育したのか?」ということだった。とくに中国ビジネスを経験し、部下との関係に悩んだ方からの質問が多い。「そんな短期間で結果を出したなんて、とうてい信じられない」「ふつうのやり方ではなかったんじゃないか?」などの声まで寄せられる。

ならば――私が『紫 MURASAKI』でしてきたことは、他の方々のビジネスにも生かせるのではないかと考え、まとめたのがこの本だ。私がどういう考えで『紫 MURASAKI』に臨み、どういう努力をし、何を学び、どういう助けを得て困難を乗り越えたのか、準備から閉幕までの時間を追う形でつづってある。

中国という異文化と出会う中で、私は、ある面ではあくまでも自分流を貫き、またある面では相手の流儀をできるだけ吸収し、適応するよう心がけた。私は中国のスタッフから多くを学ばせてもらう一方、こちらからも少なからぬ影響を与えたと自負している。

私は思った。問題は多種多様にあろうけれども、中国ビジネスにおいて最大のカギとなるのは「人と人とのつながり」だと。

人と人が信頼関係を築く方法は、通りいっぺんのマニュアルにはならない。それだけに、何が大切であるのかさえわかれば、逆にどんな場面でも通じるものだ。だから私はこの本を、ノウハウ集というよりは、あたたかみのあるヒューマンビジネス書にしたつもりである。

現地での具体的ノウハウについては、「情陸」したを私を受け止め、徹頭徹尾フォローしてくれた日中ビジネスのスペシャリスト、鄒大慶《ゾウダーチン》さんが、コラム形式でさまざまな角度から書いてくれた。それは今すぐにも役立つことばかりなので、ぜひストーリーとあわせて読んで頂きたい。

あなたが、

「隣国でありながら、遠い国の人」

と言われるのではなく、

「近くの国の、大切な友人」

と言われるように、中国で奇跡を体験してほしいと思う。

あなたの夢が叶うことを願って！

柿澤《かきざわ》一氏《ひとし》

第Ⅰ章　料亭『紫 MURASAKI』の発足まで

万博で料亭!?　しかも中国で!?

——総支配人として、いっしょに万博で料亭をやらないか？

そう投げ掛けられたのは二〇〇八年の秋だった。キッコーマンで海外事業を担当している小林浩さんとカラオケに行ったときのことである。私は当時、日本料理のフードコンサルタントとして、契約先の一社であるキッコーマンにレシピを提供したり、同社が国内外で開く料理教室の講師をしており、小林さんはその担当だった。その日は打合せのあと、珍しくお酒に誘われたのである。

かわるがわる数曲歌った頃、小林さんがおもむろに聞いてきた。

「二〇一〇年の上海万博で料亭をやることになったんだけど、どう思う?」

小林さんは、そのプロジェクトリーダーに任命されたという。「うわっ、万博かぁ。すごいハナシだ！　小林さん、大出世だな」と思う一方、《料亭》という単語に敏感に反応する私がいた。

「そりゃ無理でしょ、料亭は文化なんだから。お客さんが来ないと思うよ」

「まぁ、そうだよね」

私はその突拍子もないハナシに対して、不利な点をありったけ並べた。材料は？　仲居さんは？　建物と内装はどうするの？　などなど。

料亭には最低でも四つの要素が必要だ。
①料亭としてのしつらい。高度な調理がこなせる厨房と、格式高い接遇のスペース。
②最高の材料と技術でつくる料理。五感のすべてを満足させる味と香りと見栄え。
③優秀なサービススタッフ。その行き届いた気配りと、美しい立ち居振る舞い。
④それらを総合したおもてなしの文化。しつらいと料理、サービスのすべてをかたむけて、お客様によろこんでいただくこと。
料亭とは、これだけの要素が残らず集まって、総合芸術のごとくに成り立つのだ。

それなのに万博で料亭だなんて。四つの中でも、とくに④の文化がムリだと、私は小林さんに言った。何もないところに料亭をつくってお客様に来ていただいて、その価値をわかっていただくなんて、たった半年間でできることではない、そう思ったのだ。

「……しかも中国でしょ？」

キッコーマンには一九七〇年の大阪万博で「しょうゆ」を肉と合わせる鉄板焼で大ブレークした経験がある。世界にはなじみの薄かった「しょうゆ」の知名度は、それをきっかけに飛躍的にアップしたという。

そして四〇年後の今回、中国での挑戦。

キッコーマンは二〇〇二年から中国でも工場を稼動させ、しょうゆを販売している。しかし中国にも「醤油《ジャンヨウ》」がある。とろっとして、色が非常に濃く、中国料理の炒め物や煮物に味と色を付けるのに欠かせない調味料だ。それに対して日本のしょうゆはさらっとしていて、加熱調理に使うばかりでなく、お刺身などでそのまま口にすることも多い。《味と色をつける》ための「醤油《ジャンヨウ》」とは違い、《素材そのものの味をひき出す》役割があり、それはそのまま、日本料理の考え方へとつながるものである。

日本のしょうゆは、「醤油《ジャンヨウ》」と比べて醸造時間が長く、その分ネダンも高くなる。しかし売場に並べるだけでは、そうした、「しょうゆ」ならではの特徴や、価格のワケを説明しきれない。ここであらためて、中国のお客様にも「醤油《ジャンヨウ》」とは分けて、『キッコーマンしょうゆ』というカテゴリーで親しんでいただきたい。そこで上海万博というステージで直接アピールしようと考えたわけである。

上海万博への出展を考慮するにあたり、はじめは「定食屋」という案も出たのだという。おかずをしょうゆで味つけするほか、しょうゆを使う小鉢などを添え、味や香りをダイレクトに伝える路線である。

ところが、企業トップである茂木友三郎会長（当時）からノーが出た。その理由は「キッコーマンでなければできないことをしなさい」というものだ。

キッコーマンには和食をささえてきたのはわれわれである、という自負がある。ここはキッコーマンしょうゆがつくり得る最高においしく美しい料理を、「日本文化の結晶」としてお見せするときだ。だとすればサービスとしつらいも総合した、《料亭》というカタチで味わっていただくしかないのだと。

小林さんは、ここまで説明してから、驚きの提案を口にした。

キッコーマンからのオファー

「どう？　支配人として、その料亭を一緒にやってみない？」

と小林さん。そして続ける。

「でも、頼んでいるんじゃないよ。これは、好きでなければできないことなんだ。けっして儲けにはならないしね。万博は、ともすれば死人がでるほどハードな現場だって言われてるしさ。負に感じたらやれないから」

一企業が万博に出展するとなれば、事情に通じた広告代理店に工程をまかせるのが普通だろう。でも小林さんは、それをしないと言う。

「これは儲けのためにやる仕事ではないからね。自分たちの心を、自分たちの手で入れないとダメなんだ」

「それはもう、すごいお話ですけどね……でも、その支配人が私、ですか？」

海外でのビッグイベント、しかも中国でのそれは、とてつもなくリスクが大きく思えた。

当時の私は中国大陸へ行ったこともなく、中国に関しては全くの素人。ただ、ビジネスをするには非常にキビシイ環境であることだけを、あちこちから聞きかじっていたのである。

しかし一方の小林さんは海外事業部に勤務し、中国語も堪能。かの国の事情をよく知る人だ。その小林さんが声を掛けてくれたということは、私によほどの信頼を寄せてくれたのだということも、痛いほど理解できた。

小林さんという人はどことなくお坊さんのようで、話し方にも「一を語って十を悟らせる」みたいなところがある。この時もぽつぽつと言葉を投げかけてきただけで、あとは私にゲタを預ける姿勢を決め込んだようである。

「ま、考えてみて。でも、これにはぜったい『先』があるから、損はさせないよ。万博を無事にこなせたら、ほかは何でもできると思うから」

私は即答せず、帰宅の途中にひたすら考えた。小林さんはなぜ、この私に、これほどの大役を持ちかけたのだろうかと。

私の生家は東京・虎ノ門の割烹だ。父の父、つまり私の祖父は清元志寿太夫《きよもとしずたゆう》といって、歌舞伎で演奏される浄瑠璃の一派、清元節《きよもとぶし》の太夫として人間国宝になった人である。父の三人の兄たちは同じ清元の道に進んだのに対し、私の父だけが料理人の道を選んだ（ちなみに父の長兄、清元榮三郎も三味線方の重要無形文化財保持者であり、初の親子二代の人間国宝となった）。

「俺はグレたんだよ」と笑う父も、いざ料理の道に進むとなれば徹底するところが血筋で、京都の名料亭「つる家」で修業した。「つる家」といえば、昭和天皇御即位の折、大礼への参列者をもてなす宿として創業。以来、エリザベス女王やダイアナ妃といった英国王室の方々や、歴代のアメリカ大統領など各国元首をお迎えし、「食の迎賓館」とよばれてきた格式高い老舗である。一人立ちするとき、父はその屋号の一部を戴いて、「つる寿《じゅ》」の看板を掲げたのだった。小さな店だったが、近在の官公庁、そして歌舞伎界のご贔屓にもあずかり、落ち着いた中にもつねに活気と緊張感があった。よいお客様が、店の味をさらに育てて下さったのである。

そういう環境で育った私が、料理に関心を持つのはごく自然なことだった。そして料理のプロになると決めてからは、父と同じく「つる家」の門を叩き、洗い場から始めてみっちりと仕込んでいただいたのである。

それはそれはキビシイ七年間だった。早朝から深夜まで真剣勝負の連続だ。うまくいって当たり前。ドヤされることは日常茶飯事である。ともかくこの間に、日本料理とは、そして料亭とは何たるかを、身体と脳の隅々にまで染み込ませたと言っていい。そして一人前と認められてからは、まず「つる家」の煮方を任され、次に在ワシントン日本大使館の料理長として派遣されることになった。時に八〇〇人分のパーティーを取り仕切るその仕事は、普通ではとても得られない経験だったと思う。日々VIPをお迎えする華やかな表舞台の一方で、裏方にはさまざまな国籍のスタッフがおり、英語が話せない彼らとも身ぶり手ぶりでコミュニケーションをとって仲よくしていた。今ではすべていい思い出だ。

その後父の店に入った私が、キッコーマンとも仕事をするようになったのは二〇〇三年のこと。私が出ていた雑誌を同社広報の鈴木さんが見ていたこともあり、料理教室の先生にと誘われたのだ。その後、台湾での料理イベントを手伝うことになり、キッコーマン海外事業部の小林さんと出会ったのである。「そうか、直接の理由としては、あれで評価されたんだな……」。というのも、台湾でのイベントはかなりのハプニングを伴い、よくやり終えたなあと、今もって不思議に思う経験だったのである。

それは台湾の取引業者に新しいメニューやアイディアを紹介する販促イベントで、五日間で三回、参加者は各回とも八〇名という規模のものだった。ところが、いざ当日になって材料が揃わず、しかも台風の影響で会場に予定していたホテルが浸水し、直前になって場所が変更になるなど、大騒ぎになったのである。

どんなものづくりでもそうだろうが、思い通りの材料や道具がなければ、理想の仕事はできないものだ。こうしたトラブルが起きたら、おそらく完璧主義の料理人は往々にしてヘソを曲げることだろう。しかし、それでは物事は進まない。私はすぐに頭を切り替え、次に為すべきことを考えた。大急ぎで場所をととのえ、届かなかった魚の代わりに見たこともない材料を工夫してプレゼン。結果として「とても有意義なイベントだった」と喜ばれたときは、心底からほっとしたものだ。このことを通じて、小林さんは私を料理家としてあらためて認めてくれたのだろう。またトラブルに強く、与えられた中で最善を尽くす姿勢も評価してくれたのだと思う。

総支配人、船に乗る

上海万博で、料亭の総支配人を務める――これは失敗が許されない重大な仕事である一方、自分自身の大きな飛躍につながるチャレンジでもある。「行きたい！」と、頭の中で一人の私が叫ぶ。するとすぐにもう一人の自分が出てくる。「いやいや、お前には絶対に無理だよ」。

私が逡巡したのは自分の能力の問題だけではなかった。もし参画するとなれば、万博会期の半年間、上海に滞在することになる。それは、現在行っている、全ての業務を一旦休止することを意味していた。契約中断への不安と、契約先に対する申し訳ない気持ちがあったし、それ以上に、家庭内で四人の子どもを一手に引き受けることになる妻の負担も心配だった。中でも長女は難関大学をめざす受験生活の真っ只中なのだ。

しかし最終的に私の背中を押したのは、他ならぬ妻の一言だった。

「小林さんが、万博で料亭をいっしょにやらないかって……。でもさ、迷っててね」

「あら、よかったじゃない！　断わる理由なんてないわ！」

おそるおそる繰り出した私の言葉に、妻はいとも簡単に答えを出してしまった。高校時代から続く長い付き合いの彼女に、私の「行きたい」気持ちはたちどころに見破られ、「無理だ」の気持ちはさっさと切り捨てられたといっていい。

「じゃあ、やるか!!」

小林さんに電話を入れた。

「お受けいたします」

「おう、船に乗りますか」

いつもの、お坊さんのような返事だった。きっと、妻と同様、小林さんも私の結論はお見通しだったに違いない。

「ええ、乗りますよ」

そう。小林さんという船の未来に期待して。

こうして私は「キッコーマン株式会社 上海万国博日本産業館出展実行委員会スーパーバイザー&料亭『紫MURASAKI』総支配人」として契約するに至ったのである。

『紫MURASAKI』の名は、古来、しょうゆをあらわす言葉に「むらさき」が使われてきたことに由来する。それに中国でも日本でも、昔から「紫」は高貴な色とされてきた。キッコーマンがしょうゆのトップメーカーとしての自覚をあらたにし、最高のおもてなしをする場としてふさわしいネーミングであった。

六つ星料亭、誕生

料亭『紫 MURASAKI』で提供するのは「京料理」。これがプロジェクトチームの一致した方向性だった。京料理は宮中のしきたりから生まれた有職《ゆうそく》料理、お寺の精進料理、そして茶道の懐石料理が混ざり合って育まれてきたものだ。料亭は京料理あっての存在であり、料亭と京料理、両者は合わさって日本文化を代表するといえる。

ご存知のように、京都にはきら星のごとく京料理の店が美名を連ねている。当初、その内のいずこかへ板場（調理場）の総責任者を依頼するべく検討を重ねていたが、なかなか答えが出ない。

そこで、特定非営利活動法人（NPO）として日本料理の普及に貢献している日本料理アカデミーに相談することになった。アカデミー理事長である村田吉弘さんは、京都では知らぬ人のいない料亭「菊乃井《きくのい》」の大将であり、この世界の親分といった存在である。私も以前から面識はあったものの、今回は特別な緊張感を持ってお会いした。

「上海万博で日本の最高をお届けする料亭をやりたいのです。そのための料理人を、どこかへお頼みしたいのですが……」

小林さんから企画のいきさつとキッコーマンの想いを説明するとともに、調達可能な食材など、現地の様子も伝える。私はプロジェクトに参加して早々、食材視察のため一度小林さんと共に中国へ飛んでいた。上海で目の当たりにした、日本とはおよそかけ離れたキビシイ食材調達事情を、つつみ隠さずにお話ししたのである。

腕を組み、じいっとこちらを見つめる村田さん。出来ない相談だと思われただろうか？

「それは『商売』にはできひんな。特定の一料亭だけでなんとかするのはとてもムリやし、ウチ（アカデミー）がやるしかないやろ」

期間が半年と長い上に、海外のプロジェクト。リスクがあまりにも多いとの判断である。相当の負担を覚悟の上で、それでもアカデミーが引き受けてくださったことで、胸をなでおろす。手漕ぎのボートだった小林号が、ここでいきなり大船になった気がしてくる。

人選は村田さんに一任した。その体制は、アカデミーに所属する複数の料亭からなる混成チームがいいだろうということになり、「たん熊北店《くまきたみせ》」と「魚三楼《うおさぶろう》」、そして村田さんご自身が大将である「菊乃井」の三店に決まった。いずれも正統の懐石料理で鳴らし、京都、つまり日本を代表する名料亭だ。

それぞれを紹介させていただこう。伏見に店を構える「魚三楼」は、江戸時代に初代が高級魚専門の料理屋を構えたのが始まりで、当時から各藩の大名屋敷の料理方を務めたという老舗。酒処・伏見ならではの銘水と、新鮮な瀬戸内の魚に創業以来のこだわりがある。店の表格子には鳥羽伏見の戦いによる弾痕が残るなど、料亭そのものが歴史の生き証人でもある。

「たん熊北店」は昭和三年、「味の芸術家」と称えられた伝説の料理人・栗栖熊三郎が創業。谷崎潤一郎や吉井勇ら多くの文化人に愛された店であり、現在は孫にあたる三代目主人がその味を受け継いでいる。「京料理は日本の美の極致」と謳い、四季の風趣にあふれる素材と器づかいに定評がある。

そして「菊乃井」。店は京都東山、九八〇坪もの敷地では秀吉の妻ねねが愛したとされる名水「菊水の井」を守る。創業は大正元年。三代目となる大将、村田吉弘さんはフランスでも修業し、日本料理の伝統と革新を見事に両立させた、東西に聞こえる名手である。著作やテレビ出演も多く、誰もが認める日本料理界の大御所だ。

こうした錚々たる店が集まり、ミシュランでいえば「菊乃井」が星三つ、「魚三楼」が二つで「たん熊北店」が一つであるから、三店を合わせると星の数六つという、世界にも例のないドリームレストランが誕生した。

村田さんには、アドヴァイザーとして参画していただくことになった。すぐにメニュー作り、そして店の設計にも関わってもらう。この場合のメニュー作りとは「日本の最高を伝えるための準備事項」をリストアップすることでもあった。必要な食材を調達するとともに、それらを万博当局に申請する義務もあるからだ。使用する食品は全て事前の許可を得て、登録しておかなければならない。

料亭の内装デザインは間宮吉彦さん（インフィクスという建築デザイン会社を率いて、レストランやブティックなどクールでモダンな空間を設計。日本商環境設計家協会デザイン賞などを受けている方）にお願いすることに。本式の料亭の設計は初めてという間宮さんは、既成概念にとらわれない発想で、最初のラフを上げてくる。あえて料亭らしさを消した間宮さんの案に対して、サービスがスムーズにでき、お客様の期待を満たすうえでも基本は守ってほしいとする村田さん、その両方を勘案してジャッジをするキッコーマン……。議論をくり返し、くり返して最終案が固まったのは二〇〇九年の一二月も終わるころ。結果として伝統をふまえつつ新しさもあるステキな空間になった。

しかし、今になって自分自身をふりかえると、このころの私は「東京発想」とでもいうべき大きな落とし穴に落ちていた。キッコーマンが作りたいのは日本の伝統を最高の形で伝える料亭であり、村田さんと間宮さんの実力は無論、それを叶えるものであった。
ただ、このプロジェクトが実施されるのは中国。現地のことをほとんど知らない私は、日本をベースにした発想から抜けきれず、これらの素晴らしい計画を「絵に描いた餅」同然にしかけていたのかもしれない。計画段階から中国ベースで考えることで、のちのち多くのリスクを回避することができると、今ならわかるのだが……。

とまあ、「東京発想」であったにしても、料亭の「料理」と「設備」という、二本の大きな柱が見え始めたことは確かだった。とすれば残る大きな柱は、「サービス」。（食材調達の課題はあるにせよ）味は約束されたも同然（と思っている今）、あとはサービススタッフをきちんと育てることに、私の大半の任務が残されているのだ。実にこれが最大のヤマであることは、私ばかりでなくプロジェクトの全員が理解していたのであるが、さて。

第Ⅱ章　求ム、女将ト仲居。要日本語・中国語

料亭の女将、そして仲居という仕事

料亭のサービスを考えるとき、要《かなめ》は何といっても「女将《おかみ》」である。その仕事の細やかさたるや、ここに全てを書き記すことなど到底できない。お客様がどのような方かを把握することから始まって、その送り迎えをし、店の内外を美しく保って花やしつらいにも気を配り、料理を最適なタイミングで運ばせる等々。とにかく女将はサービスの最前線に立ち、店の印象を決める顔なのだ。

その女将の下にはふつう、「仲居頭《なかいがしら》」とよばれるベテランが数人ひかえ、さらにその下には大勢の仲居がいる。仲居頭は女将を助けつつ他の仲居たちを従えてゆくポジションであり、仲居が仲居頭の前に出ることは決してない。料亭のサービススタッフはこうしたピラミッド構造のもとで《店の品質》を維持しているのだ。女将といえばもう絶対的な存在であり、女将が白といったらカラスも白いのである。

一方で、料亭『紫 MURASAKI』の仲居は、中国で採用することが決まっていた。そのこと自体が多難を感じさせていたのだが、要たる「女将」の人選さえきちんとすれば、きっと仲居を統率してくれるだろうから、何とかなるんじゃないか、と私は踏んでいた。

そこで私が真っ先に考えたのは、「菊乃井」の仲居頭を『紫 MURASAKI』の女将として、派遣してもらうことだった。

誰もが納得する名案だと自負していたのだが……なんと、「菊乃井」の大将、村田さんから即座に断わられてしまった。名料亭といえども、仲居頭クラスを、長期間にわたって上海に派遣できるほど、その人数に余裕がないという。そう言われればそうである。しかも今回の『紫 MURASAKI』の女将は、中国語が話せなければならない。さて、どうしたものか……。

「こうなったら、女将になれる人材も、中国で探そう！」

悩んだ末に立てたプランはこうだ――「飲食業界の経験が豊富で、中国語と日本語に通じ、着物を着られる人」を女将候補として採用。彼女たちを「菊乃井」に送り込み、研修を受けてもらう。そして、その女将候補たちが、仲居役の中国人女性たちを教育する。

こうして、本格的に現地での人材採用に立ち向かうことになった私たち。だがいきなり、思いもしなかったつまずきを経験することになるのだった。

仲居の採用活動でだまされた!!

「これはどういうこと？　ウチはモデルを探しに来たわけじゃないんだよ!?」

思わず疑問が口をついて出る。

そこは中国湖北省武漢市の、とある学校の一室。仲居採用面接に乗り込んだ私たちの目の前を、一斉にキャットウォークでアピールしながら行き来する大勢の女の子たちがいた。これではまるで、モデル選考会じゃないか……。

二〇〇九年一二月、『紫　ＭＵＲＡＳＡＫＩ』の女将候補を探す一方、私たちは仲居の募集を開始していた。仲居は二〇人ほど必要で、募集・面接は大がかりにならざるを得ない。そこで採用活動は、上海に支社をもつコンサルティング会社に頼むことにしたのだった。

仲居の選考条件は、日本語ができ、そして健康であること、それだけだ。飲食業での経験や着物の着付け云々はあえて問わない。

意欲をじかに確認するために、私たちは面接重視で選考しようと決めていた。件のコンサル会社から、武漢で日本語学校のサービス学科に通う女子学生から応募者を集めた、という知らせを受けて、私は小林さんと共に中国へと飛んだ。意欲あふれる学生たちとの出会いを楽しみにしながら。

上海でコンサル会社の日本人スタッフAさんと合流。「では、行きましょうか」とうながすと、Aさんが「もう少し待って下さい。案内をする人物が、もう一人来るはずなので」と言う。「はてな？　Aさんは武漢に不案内なので、現地がわかるドライバーでも雇ったのかな」などと思いながらしばらく待った。しかし三〇分も遅れた挙句、現れたのは男女二人の中国人。なんと、その雇われ人B氏は愛人を連れてきたようなのだ。しかも彼はドライバーなどではなく、Aさんの会社から募集を請負った、人材手配業者らしい。

車で武漢へ向かう道中、B氏と愛人は、すっかり旅行気分に浸っている。

「こりゃマズイでしょ。あり得ないよ」

「でもさ、ともかく面接だけはしないと」

「どうしてこんなことになっちゃったんだろう？」

小林さんと私はひそひそと言葉を交わした。

えらく妙な空気になりながら学校へ着くと、体育館のような広い部屋へ。するとそこには三〇〇名ほどの女子学生があふれていた。

と、彼女たちがいきなり列をつくり、キャットウォークを始めたのだった。

鄒《ゾウ》さんとの出会い

唖然とする私たち。しかも、彼女たちは日本語がほとんど話せないことが判明。さらに驚いたのは、彼女たちが片言の日本語で、口々にうったえた言葉。

「ワタシ、ボランティア、ダイスキデス！」

仲居スタッフのための人件費はきちんと計上されており、仲居＝ボランティアである必要はまったくないにもかかわらず、である。

「どういうことですか？」

私たちが訊いても、Aさんはあわてるばかり。対照的にB氏は涼しい顔をしている。Aさんは中国語をまったく話せず、B氏も日本語を話さないのだ。だからどういう訳なのかを問いただすことができないのである。いったいここに至るまで、彼らはどうやって連絡を取り合っていたというのだろう。

そのとき、私の後ろで声がした。

「あなた、だまされたんですよ」

はっきりとした口調に、私は思わず振り返る。声の主は、鄒《ゾウ》大慶《ダーチン》さん――小林さんの意向で面接に同席していた人物だった。彼の会社は『紫MURASAKI』の運営に関し、リスクマネジメントという視点からサポートの提案を行っており、視察のため日本から同行していたのだ。

中国人B氏の言い分は、きっぱりしていた。小林さん、そして鄒さんが聞き取ったところでは、「指示された通りの人材を集めた」というもので、悪びれるそぶりもない。つまりAさんの会社は、どういういきさつかはわからないが、ともかくB氏に採用活動を丸投げしていたらしい。そこでB氏は、女子学生たちに対しては「ボランティア」と言い含めて無償で働かせる一方、こちらからは人件費を徴収し、それを丸ごと自分の懐に入れ、甘い汁を吸う算段だったということだろう。

小林さんと私は怒る気力も失って唖然としていたが、鄒さんは違った。Aさんに

「どうするんですか?」

と一言。Aさんはうろたえるばかりである。

私、鄒《ソウ》はこのとき武漢での面接で小林さん、柿澤さんとご一緒し、その後『紫 MURASAKI』で共にお仕事をさせていただくことになります。プロジェクトの成功を目指して、柿澤さん、そしてチームの皆さんのお手伝いをする中で、実に多くの、中国ならではの壁を共に乗り越えました。本書のコラムでは、柿澤さんの経験から見えてくる中国ビジネス成功の鍵、また『紫 MURASAKI』のこぼれ話などを、中国人の視点やリスクマネジメントの観点からまとめ、私から皆さんにお伝えしていこうと思います。

さて、中国で仕事をするビジネスマンの方々は、多かれ少なかれ「だまされないためにはどうすればいいか」ということを考えるでしょう。

鄒 Point 中国でだまされないためには

私の経験上、中国でだまされてしまう日本人に最も多いのが、日本で一定の成功を収めており、その方法論が中国でも通用すると信じ込んでいる人です。「自分は大丈夫、用心している」と考えている人でも、無意識に日本の常識を基準に発想してしまうことがあるようです。落とし穴にはまらないために最も大切なことは、「取引相手の中国企業を十分にリサーチすること」、これに尽きます。

日本の発想を持ち込む人ほど、このリサーチを怠ってしまいがちで、トラブルに巻き込まれる危険性が高くなるのです。

取引開始前に相手の会社について最低限リサーチすべき項目には

①専門分野における実績
②他のクライアントからの評価
③日本企業との取引実績
④日本文化を理解し、かつ日本語を話すスタッフの有無

などが挙げられるでしょう。③と④がなぜ重要かというと、日本企業との豊富な取引経験なくしては、日本のクライアントの高度な要求を理解することなどできないからです。これらの項目以外にも、事業内容にあわせて必要な項目があればリサーチし、総合的に判断してください。

鄒 Point

リサーチの結果、取引を始めることに決めても、いきなり大きな仕事を任せないことです。できれば、最初は小規模の仕事を任せ、その仕事ぶりを観察し、自分の目で評価すること。それによって、リサーチでは分からない点が見えてきますし、小規模の仕事であれば、万一失敗したり、最悪の場合だまされてしまったとしても、損害を最小限に抑えられます。

こうして取引先に対する自分なりの評価を重ね、信頼関係を築き、その中から良きパートナーを見つけることができれば、あなたの中国ビジネスの半分は成功、と言っても過言ではないかもしれません。

無二のパートナー

「ここは一旦、引き上げるしかないね」

もう、面接どころの話ではない。真実を知らされずに期待して集まった女の子たちにとっても、実にかわいそうなことになってしまった。

こういう場合、誰が悪いのだろうか。当然、B氏は悪い。しかし面接が成立しなかった点は、B氏だけの責任ではない。B氏の「言われた通りの人を集めた」との言い分を、Aさんは崩す術がなかったのだ。では、丸投げしたAさんの会社を、私たちは責められるのだろうか。私の心情としては「否」だった。

「あぁ。やっちゃったなぁ……」と落ち込むものの、誰も責められない。もし責めるとしたら、それは自分だ。中国ビジネスで、だまされたりするトラブルについて耳にしたことはあった。しかし情けないことに、まさか自分がこういう目に会うとは、この時まで予想もしていなかったのである。

ところで、一連の騒ぎの中で存在感を増したのが鄒さんである。しかし私の耳には、彼が

Aさんに向けた鋭い口調が引っ掛かっていた。帰る道すがら、私は鄒さんに言った。

「今となっては仕方がないことだから、Aさんをこれ以上責めたらダメだよ」

「ゴメンナサイね。でもね、この国ではああいう人がだまされるんだ。それが残念でならないし、言わずにはいられないんですよ。彼が二度と失敗しないためにも」

そして、そもそも相手とコミュニケーションをとれない状況でビジネスに臨むなどあり得ない、などと、熱心に話し始めた。

「『よい通訳』というものは、あくまでもあなたの側に立って言葉を選ぶもので……云々」

中国の人に「中国でだまされない方法論」を懇々とお説教されるなんて。私はなんだか可笑しかった。

そして鄒さんの、あくまでもまっすぐで、真剣な言葉を聞くうちに、実は初対面で抱いていた鄒さんの《怪しい印象》が変わっていくのを感じたのである。

「この人、信用できるかもしれない」

空港で初めて会ったときの鄒さんはというと、物静かに微笑んでいて、万博のリスクマネジメントを任されるような敏腕ビジネスマンには見えなかった。年齢は四〇歳くらい。すらりとした長身、スタイリッシュなジャケットとジーンズを身に付けたその姿には、ヨーロッパの街角の風景にも溶け込む雰囲気がある。デザイナーとかフリーの編集者とか、とにかく自由業っぽい外見なのである。

鄒さんは流暢な日本語で自己紹介を始めた。曰く、

「私は日韓共催のサッカーワールドカップと、北京オリンピック、両方のメディアサポートを成功させた実績があります……」

しかし私には、話が大きすぎるように聞こえた。「いきなり大風呂敷を広げる、怪しい人だなぁ。しかもスポーツと《料亭》とは、ぜんぜん違うのに」程度にしか、その時は思えなかったのである。

しかしあらためて聞いた鄒さんの経歴は、じつに華麗なものだった。故郷は中国東北、黒龍江省のハルピン。父親はハルピン新聞の社長という恵まれた家庭で、三人兄弟の末っ子として生まれた。兄は大学教授、姉は医学博士と、それぞれの道を進むなか、鄒さんは父親と同じメディアの道を志し、中国の国営テレビ局であるＣＣＴＶ（China Central Television・中国中央電視台）へ就職。得意の英語を生かし、海外番組担当のプロデューサーとして世界

各国を飛び回る日々だったそうだ。

その後CCTVを辞して来日、しばらくフリーで過ごした後、現在所属しているメディア総合研究所（以下「メディア総研」）へ就職。中国事業室長として担当した最初の大仕事は、二〇〇七年、古巣のCCTVが一ヶ月近くの来日取材を行った際の、取材コーディネーション業務だった。

二〇〇七年といえば温家宝首相が来日した年である。温首相はこの日本訪問を「融氷之旅（氷をとかす旅）」とよび、当時冷え切っていた日中関係を改善し、経済関係の強化を目指としていた。CCTVは、首相の来日に先立ち特別番組を企画。看板キャスターの白岩松氏が詳細なルポで日本の現状を伝えるものだった。その特番は一回当たり四五分。それが三週間、計一五回にわたって放映され、約八億人が視聴したのだそうだ。

それはきわめて異例な、国家的な大取材だった。外務省や在中国日本大使館、NHKも全面的に協力。メディア総研はその実働部隊として取材をコーディネートし、現場を取り仕切ったのであり、その実績が認められて、北京オリンピックでは日本のテレビメディア報道団のサポート業務を受注するに至ったというわけだ。

「で、その北京五輪では」と鄒さんは続ける。ＩＯＣ（国際オリンピック委員会）の規定では、五輪開幕の半年も前から人材を確保してスタッフの個人情報を登録しなければ、競技施設への入場に必要なアクレディテーションカードが取得できなかった。転職がごく日常的で、人材がなかなか定着しない中国で、これは難題だ。スタッフと雇用契約を交わしても、五輪開幕までの間に彼らの気が変わらないとも限らないからである。しかし鄒さんは、採用から実際の業務開始まで半年あったにもかかわらず、雇用した五四人のスタッフ全員を、一人の脱落者もなく取材クルーに引き渡すことができたそうだ。それが可能だった理由には、鄒さんが駆使する人材の見きわめ方と、契約の仕方にポイントがあるらしい。つまり彼らが契約を気にせず転職してしまうかどうかは、雇い主のやり方次第なのだと。

鄒さんはさらに言った。

「中国でのビジネスで最も大切なのは、パートナー選びです。よき通訳を見きわめ、よきパートナーとして選ぶこと。これが出来れば、ビジネスは成功したも同然なのです」

日本と中国の間に立って仕事をする中で知り得た、中国ビジネスの一番のポイントだという。その言葉には説得力があった。

あらためて見た鄒さんの名刺には『中国市場へのＰＲ戦略・通訳・取材コーディネート・

番組企画制作』とあり、さらに『上海万博』の文字がある。「まだ契約前じゃなかったかな？」といぶかしむ私の表情を読み取ったのか、鄒さんは、

「北京オリンピックの時から、その四文字を入れた名刺を配っていました。ぜひそうなりたい、という夢を込めてね」

いたずらっぽく微笑みながら言ったものである。

その日、私は心の中で鄒さんの言葉を繰り返した。「よきパートナーを選びなさい、か」。そして鄒さんとそのような関係になれたらと思ったものだったが、実際この日が、その後の波乱万丈の月日を共にする、パートナーシップのスタートとなったのである。それは上海万博開幕まで残り一五〇日を切った、二〇〇九年の冬の日のことであった。

初めて柿澤さんにお目にかかった時のことは、今でもはっきり覚えています。福々しいお顔立ちに、ゆったりとした口調。こちらを和ませるかのような穏やかな空気を身にまとっているけれど、意見は相手の目を見てはっきり言う。何故か、今までに会ったどの日本人とも違う、という印象を持ちました。

色々と話すうち、柿澤さんがまだ中国のことをよく知らないし、これまで中国人と一緒に仕事をしたこともない、ということがわかりました。そして、中国に関する疑問を次々と投げかけられることになります。柿澤さんの「中国のことをもっと知ろう、飛び込もう」という姿勢をはっきりと感じるにつれ、

中国ビジネスサポートのありかた

鄒 Point

私が、柿澤さんと一緒に仕事をする最初の中国人になれたら、可能な限りのことをお伝えして中国のことを理解していただこうと思いました。

近年、成長の著しい中国市場は、日本経済にとってますます重要度を増しています。しかし、言葉はもちろん、ビジネス習慣、法律、役所との関係、取引先や中国人スタッフとの付き合い……全てが日本とはあまりにも違っており、ビジネスを展開する際の壁となって立ちはだかっています。せっかくよいチャンスがあっても、互いの理解不足や習慣の違いからうまくいかない例のなんと多いことか。だからこそ私は、日本企業の側に立って中国ビジネスのお

手伝いをするよきパートナーとなれるよう、常に現場で共に仕事をするよう努めています。

「こんなこと、日本ではありえない!」という嘆きにも似た呟きは、中国ビジネスにつきものです。では、なぜそうなってしまうのか? 誰があなたの味方となって、あなたの想いを相手に伝えてくれるのか? トラブルを未然に防ぐためにはどうすればよいのか?

——『紫 MURASAKI』のサポートにおいては、特に、そうしたカルチャーギャップを埋めるためのアドバイス、スムーズなコミュニケーションのための通訳を含めたサポート、そして法務面を含めたリスクマネジメントを重視しました。これらは中国ビジネスの現地サポートにおける重要な基礎だと私は考えていますし、常にその基礎の上で、個々の業務——人材募集や、PR、宣伝などを、自社内の翻訳や映像制作といった多様なリソースを生かしつつ行うようにしています。

鄒 Point

さて、中国のことをまったく知らなかった柿澤さんは、私からも、そして周りからもどんどん中国のことを吸収し、中国の人々に溶け込んでいきました。中国人の私にも「人と人の信頼関係に国境はない」と改めて感じさせてくれた柿澤さんのストーリーを、読者の皆さんにも是非この本から感じ取っていただきたいと思います。

面接でも人脈を駆使

かくして、仲居の採用面接は一から仕切り直しである。

「今度は失敗できないぞ」

採用した女性たちの研修にかかる日数を考えると、何しろ時間がないのである。これ以上の時間のロスは許されない。

しかしここで、私にとって嬉しい展開があった。鄒さんたちメディア総研が、正式に料亭『紫 MURASAKI』プロジェクトチームの一員になったのである。業務内容はリスクマネジメント全般であるが、仲居の採用についても「北京オリンピックで高い実績を上げているのだから」と、彼らに任されることになった。

時間がない、と焦り始めていた私にとっては、停滞しかかっていた船の帆が上がり、順風をはらむように感じられた。

さて、仲居の採用担当に決まった鄒さんのアクションは、実に早かった。膨大な人脈リストから必要な人物をピックアップしては、即刻コンタクトをとっているらしい。そして二週間ほどで、上海大学に通う学生を中心とする、二〇〇人ほどの応募者が集まることとなった。

上海大学といえば中国政府が国家重点大学と定め、優秀な人材を数多く輩出している名門である。

聞けば鄒さんは、とある中国人の敏腕女性社長を通して、上海大学日本語学科の先生に協力を仰ぐことで、この大型面接会の実施にこぎつけたらしい。その女性社長、上海坤倫《クンルン》翻訳有限公司という会社を率いる陳英《ちんえい》さんは、北京オリンピックの業務を通じて鄒さんと知り合ったという。

北京オリンピック時の彼女の仕事ぶりを例にとって言うと、当時上海で集めた応募者たちを北京の面接に連れてきた際、北京駅前のホテルに部屋をとり、シャワーを浴びさせ、身なりを整えさせてから面接会場へ送り込む、という周到さ。鄒さんはその頃から彼女の仕事ぶりを深く信頼しているのだという。

鄒さんは、とにかく人脈を大事にする。この陳英社長のように、仕事上の付き合いがあって、しかもその中で実績を上げた相手であれば高い位置にリストされるのはもちろんだが、そうでなくても、一度でも面識のある人であれば自分の人脈として組み入れる。それは中国人に共通する意識らしいが、ひとたび名刺を交換すると、その時はビジネスにならなくても、

「いつかどこかで、また」という気持ちをかならず持ち続けるのだという。その時、その人との関係は、細い細い一本の糸のようなもので、今にも切れそうに見えるかもしれない。だが、そうした細い糸をたくさん持つことが大切だという。人脈の活用とは、その細い糸を少しずつ手繰っていくようなもの。手繰っていくうちに、糸は徐々に太くなり、最後は船をも引っ張れるロープになるのであると。

鄒さんのそうした人脈のおかげで、ともかく応募者は集まった。日本語ができ、料亭という独特の環境に合わせた採用基準。しかも雇用は半年間限定で、応募者からみれば悪い条件であったにもかかわらず、である。

国家の一大イベントである万博は、多くの雇用をも生み出す。出展に関わる業者はとっくに、開催を控えた上海市とその近郊で、多言語を解する人材の確保を進めていた。万博開幕まで一四〇日ともなれば、良い人材は引く手あまた、すでにどんどん採用されていた。そんな中『紫 MURASAKI』はすっかり出遅れていたのだが、鄒さんは数々のハンディをはねのけ、レベルの高い応募者を集めての面接に漕ぎつけたのである。

それは二〇一〇年一月、正月明けにセッティングされた。

「中国では人脈がものを言う」ということは、皆さんもこれまでに聞いたことがあるでしょう。たとえばビジネスシーンにおいて、日本人は「会社対会社」という考え方を基本にしてものごとを考え、行動しますが、中国人は「個人対個人」です。自分が、どこに、どれだけの人脈を持っているかということに、ビジネスの成否もかかっているのです。このこと一つとっても、人脈は中国人にとって、日本人に想像できないほど大切なものなのです。

　一口に人脈といっても、人と人とのつながりは様々。その中で中国人が特に大切にしている人脈には、以下の三つがあります。

Point 中国人が重視する三つの人脈

①血族（家族・親類）。中国は歴史上、国の覇権を握るために多くの民族がしのぎを削り、王朝が何度も入れ替わった国です。それゆえ国家や体制ではなく、血のつながりにこそ信頼を置いてきました。また文化大革命の時期には人と人との信頼関係が崩壊したため、その時代を経験した中高年世代の人々には、血のつながった者しか信頼できないという意識を持ち続けている人もいます。

②「同じ釜の飯」を食べた仲間。主に大学など、学生時代に寮生活を共にした仲間です。中国の大学生は基本的に寮生活で、二段ベッドを使い、一部屋六～八人の共同生活を送ります。そこ

から生まれる連帯感はとても強く、学生ゆえに金銭がらみの利害関係に縛られない、兄弟のように純粋な友情が育まれます。卒業してからもずっと続くこの関係を、ビジネスで成功している人ほど重視しています。

③一緒にビジネスをして、しかも成功した相手。この実績があれば、互いの考え方や仕事に対する姿勢がよく理解できているので、込み入った調整もスムーズに進みます。たとえば仲居面接のセッティングで私が協力を求めた陳英社長は、この人脈に分類されます。

これら三つは、当然、中国ビジネスにおいても大事な人脈です。しかし、

鄭Point

これから中国で中国人相手にビジネスをしようとしている日本人の皆さんが、①と②の人脈を今から手に入れることはほぼ無理でしょう。そこで、ぜひ③の人脈を積極的に構築していくことで、ビジネスの成功につなげていただきたいのです。先のコラムでも述べましたが、まずは小さな仕事を一緒にやってみて、互いに相性や仕事のスタイルを確認しつつ、関係を一歩一歩強化していきましょう。そして時間のあるときには連絡を取るなど、人脈のメンテナンスも大切です。

中国人とのつきあい方については、本文やコラムの中で触れていきますので、ぜひ参考にしてください。

面接のキーワードは「夢」

さて面接で、候補者のどこを見るか、何を基準に選考するか。じつは、これは採用計画を立てはじめた当初からの悩みだった。《料亭》という文化については、応募する全員が白紙の状態なのだから、それに対する理解で比べることはできない。

一方で、私自身が中国という国や中国人をまだまだわかっていないという引け目もあった。応募者たちと共有できる思考の土壌がないのである。

「どうしようかな……」

朝に晩にと思案していた二〇一〇年の正月、それは突然ひらめいた。

「そうだ、『夢』だ！　それを聞こう！」

年始の挨拶に、日頃から私淑している福島正三さんを訪ねていたときだった。福島さんは東京・銀座で「共鳴館」という《大人の隠れ家サロン》を開く方。それはメンバーが楽しく語り合う中から、日本文化や伝統技術を次世代に伝承するお手伝いをしてゆこうという会である。その福島さんらしく「夢や情熱、想いと勇気、共鳴する心。これからはますます、そうしたものがないと渡ってゆけない世の中になるね」と言ってくださったのがきっかけだった。

面接当日。会場は陳英社長の会社のビルだ。鄒さんと陳英社長、二人の采配でたくさんの女の子たちが集まっている。彼女たちの緊張した面持ちに、ここで何とか採用されたい、という真剣さが感じられた。

しかし、まさか面接で開口一番「あなたの夢は何ですか?」と質問されるとは、思ってもみなかったのだろう。目の前の女の子はびっくりしている。こういう場合「この仕事を志望した動機は?」とか「あなたはなぜ日本語を勉強したの?」などという質問を想定してくるものだ。すっかり口ごもっている。

「え?『夢』ですか? あのぅ……そうですね、それは……」

びっくりしたのは応募者だけではなかった。隣では鄒さんが椅子から飛び上がらんばかりになったのがわかった。ちらっと見ると、驚きを通り越した怒りの表情で私を睨んでいる。

「何をバカなこと、聞いてるんですか!?」

思わずそう叫びそうになったと、後から鄒さんに言われた。鄒さんにはこれまで自分が成功させてきた、面接のメソッドがあったからだ。

彼の考える面接とは、「万博の会期中、即ち半年間の業務をやり抜けるかどうかの意思」「通勤経路の確認」などを行い、そのやり取りの中で、バックグラウンドや、礼儀正しさ、社会性を見きわめる実質的なものであるべきだというわけだ。夢物語など聞いている場合ではない、と。

「夢なんかで人を選べるわけがないじゃないですか。だいたい、そんな浮わついたことを考えている子なんて、ここには来ていませんよ」

そう警告する鄒さんのキビシイ視線を感じる。しかし私は、敢えて全ての応募者にこの質問をぶつけ続けた。

「この仕事を通じて日本と中国のかけ橋になりたいです」

「将来、日本の企業に就職したいです。そのためにも万博で経験を積みたいです」

「これから英語も覚えて世界中をかけ回りたいです」

「世界の平和です」

聞かれた瞬間は口ごもっても、すぐに笑顔で語り始める人もいて、反応はさまざまだった。

結果として何も答えられなかった人は三割ほどだろうか。面接が終わる頃には、鄒さんも彼女たちの「夢」を真剣に聞いているようだった。

この一次面接で選んだ人は二〇数名だ。面接に集まってくれた人はみな、まじめで優秀だったと思う。その中から私は、夢に向かってがんばれる人を選んだのだった。

面接を終え、上海から成田へ戻る機内で、私はヤマを一つ超えたという安堵でいっぱいであり、次は研修の段取りだぞ、などと、次なる意欲もかき立てられていた。しかし帰国して間もなく、そんな私のココロを打ち砕かんばかりの事件が起こる。万博開幕までもう一一〇日あまりだというのに……。

　中国人スタッフを採用するときに、何に気をつけるべきなのか？　これも日本人ビジネスマンにとっては頭の痛い問題でしょう。

　私が中国で採用活動をする際によく感じる中国人と日本人の違い。それは、中国人は「ＹＥＳ」、日本人は「ＮＯ」と言うところです。

　日本人は、就職に際して、募集している業務内容や条件をみて、自主的に確認と判断を行い、もし自分の条件と職場が提示する条件がかけ離れていた場合、そもそも応募自体を見合わせます。または、面接の際などに「この点は難しいかもしれないですが、努力します」などと伝え、会社と相談することでしょう。

鄒 Point　注意！中国人の面接

　つまり、できないことを「できる」とは言わないのです。これが、日本人の慎重な姿勢の現れる「ＮＯ」。

　それに対して中国人は、まず何でも「ＹＥＳ」――「没問題《メイウェンティ》！（問題ありません）」と言います。一見、すごく前向きです。しかし、採用担当者の皆さんには、これで安心しないでほしいのです。

　例えば、「退勤時刻が少し遅めですが、無理なく電車で帰宅できますか？」という問いに対し「はい、問題ありません！」と答えたはずの人が、いざ採用してみると「地下鉄の終電が早いから電車は使えません。タクシー代を支給してください」と、ためらいなく言ってきたりするのです。日本人にとっては驚くべきことでしょうが、皆さんも採用面接では中国人の「YES」にくれぐれもご注意ください。

個人の例だけではありません。会社間でも、最初に「できる」と言っておいて、あとで「××だからできない」「××だから支払いが遅れる」などといってくるのは良くあるパターンです。

だから私は、中国で採用活動をするとき、想定可能なあらゆる不安要素を繰り返し確認することにしています。つまり中国人の視点であぶり出しを行うわけですが、『紫 MURASAKI』の面接では、驚いたことに柿澤さんがいきなり「夢」について聞き始めました。確認すべきことは他に山ほどあるのに！と思いました。

鄒
Point

しかし「夢」について語らせた内容を元に、面接官であった小林さん・柿澤さん・そして私とで個々に採点し、最後に、それを三人で突き合わせたところ、なんと、結果は三人ともほとんど同じでした。つまり「夢」を語らせる中で、一人一人の性格や適性までもきちんと見ることができたということです。これは大きな驚きでした。

そこで私は頭を切り替えることにしました。一次面接は日本人の目線で大まかに絞り込めたわけですから、二次面接では中国人の視点から、先に挙げた不安要素のあぶり出しや、意識の確認を行う——これで、日中両方の視点から、よりよいスタッフを選ぶことができるというわけです。

リーダー交代、深澤さん登場

「柿澤さん、私、『紫 MURASAKI』から外れることになりました」

小林浩さんがそう電話をしてきたのは、面接から日本に戻ってほどなくのことだった。私はすぐには事情が呑み込めない。小林さんが続けた。

「担当が代わるんです。私の後任を紹介しますので、来ていただけませんか?」

料亭『紫 MURASAKI』は、上海万博のパヴィリオン、日本産業館に出展される店舗の一つだ。日本産業館は出展各社が資金と人員を持ち寄るかたちで、運営のための事務局を構成している。小林さんは、日本産業館の館長代理という事務局の重要ポストに抜擢されたのだ。そうなると当然、料亭のプロジェクトリーダーは別の人が担当せざるを得ない。

これは、私にとって痛かった。小林さんに誘われたからこそ参加したのに。不安はあっても、小林さんがあのお坊さん顔でそばにいてくれたからこそ、ここまで来ることができたのに。私が乗った船は、とんでもない方向へ流れてゆこうとしている。

紹介された後任のプロジェクトリーダーは、深澤晴彦さんといった。小林さんと同じキッコーマンの海外事業部所属だが、私は初対面である。

深澤さんは背が高く、そのがっしりした体格から言えば体育会系そのものだ。ぱっと見た風貌は、巨人軍にいた槙原選手似、といったらわかっていただけるだろうか（実際のところ、巨人軍の入団テストを受けたことがあるそうだ）。しかし体格とは別に表情は、いかにもエリート然としていた。眼鏡を光らせ、何やら堅く、冷たい感じを受ける。きっと小林さんとは全然違うタイプだ。果たして、私はこの人と一緒にうまくやっていけるだろうか？

深澤さん本人からも、この人事への戸惑いが少し透けて見えたような気がした。それが深澤さんの性格なのか、あるいは誰でも憂鬱になるほど、社内ではこのポジションが相当大変だと思われているからなのか？　だが、深澤さんは殊勝にも言ったものだ。

「私は、会長である茂木の想いを、上海万博で最大限伝える、その努力をするのみです」

深澤さんは茂木会長の秘書だった時期があり、会長の考えに深く共鳴し、それを具現化するのが自分の使命であると、日頃から心得ているのだと語った。

「そういう深澤さんに引っ張っていただけるのは心強いですね。よろしくお願いします」

そう言葉を交わしたが、内心は不安でたまらない。仲居研修のこと、工事計画のこと、料理の詳細、小林さんとこれまで当たってきた課題は継続中のまま山積している。

「あーぁ、小林さん……何でなの？」

中国の大企業や政府関係組織では、ある程度の立場に昇った人物が異動することはめったにありません。異動するとしても、政府部門での異動や担当者の交代は、何年もの引継ぎ期間を経て行うのが普通です。

一方日本では、三年ほどのスパンで、人事が大きく変動することも珍しくありません。このような日本の人事異動の一番の利点、それは汚職、癒着など、中国語で言うところの「腐敗《フーバイ》」が起こりにくいことでしょう。

ただ一方で、このような日本式の人事異動は、中国とのビジネスにおけるネックにもなり得ます。日本では会社対会社の関係を前提にしているので、

日本式人事異動のメリット・デメリット

鄒 Point

担当者が変わることに比較的抵抗感がありません。しかし、人脈、つまり個人と個人のつながりを大事にする中国において、いきなり担当者が変わることとは、信頼関係の構築も含め「全てゼロからやり直し」を意味します。人と人ですから、相性の良し悪しもあります。「せっかくあの人とはうまくいっていたのに、なんて勿体ないことを！」と中国サイドは考えるわけです。

このような中国ならではの事情は、日本の感覚からはなかなか想像しづらいかも知れませんが、ぜひ企業側にご理解いただき、異動やむなしという場合には引継ぎ期間を長めに設けるなど、工夫されることをお勧めします。

八〇后《バーリンホウ》・九〇后《ジュウリンホウ》

リーダーの交代から時を経ずして、私の落ち込みに更に追い討ちをかける事態が発生する。上海から戻った鄒さんから、思いも寄らない提案を受けたのだ。

「先日採用した仲居さんたちのことですが、採用を一からやり直しましょう」

鄒さんは、例の「夢面接」の後も上海に残り、二次面接を行なっていた。二次では例の女性社長、陳英さんを含め面接官を全員中国人にして、応募者たちの本音や適性を具体的にチェック。料亭の仲居として半年間やりぬく意志をほんとうにもっているかどうか、毎日会場まで無理なく通える住所であるかどうか、その他必要な事項を細かく聞き取り、一四名にまで絞り込んでいた。これは私も承知していたことである。

問題はその後だった。鄒さんはさらに念を入れるべきだと考え、彼の裁量で三次面接を行ったのである。「応募者たちの懇親会」という名目で立食パーティーを開き、会場での彼女たちの振る舞いをこまかく観察したというのだ。

応募者たちは、それが面接であると知らない。彼女たちの普段の姿から、日本的なサービスに対する適性を見ようとしたわけだが、結果は最悪だったというのだ。

深澤さんと私を前に、鄒さんは彼女たちの欠点を並べ上げた。

「会場の隅に仲間どうしで固まっているだけ。目上の人のところへ挨拶にも来ないんですよ。ましてビールはつがないし、食事のマナーも悪い。自分たちの分だけワーッとキープして食べて、汚れたお皿はそのまんまですからね」

「とはいっても、まぁ、ほとんどの子が学生だからねぇ」

「それにしてもヒドイです！　あれではとても日本流のサービスはできませんよ」

日本的な目で見れば、確かにマナーは悪いかもしれない。それは何となく想像できた。でも、それは習慣の違いであって、仕方がないことだと私は考えた。深澤さんも私と同じ意見で、教育こそが大切だと言う。しかし鄒さんは譲らない。

彼女たちは全員一九七九年の中国の一人っ子政策施行以降に生まれた若者だ。七〇年代以前に生まれた人々とは価値観が大きく違い、甘やかされ、とてもわがままに育っているという八〇年代生まれは、中国語で「八〇后《バーリンホウ》」と呼ばれ、新人類扱いされているらしいが、今回の募集対象にはさらに九〇年代生まれの超新人類「九〇后《ジュウリンホウ》」まで含まれるため、鄒さんはとても警戒しているようだ。

「いやいや鄒さん、研修のやり方次第で、ちゃんとできるようになるよ」

「ダメです。全員とり替えましょう」

なんと二時間も押し問答をするはめになった。

結局、鄒さんが折れたが、まったく納得がゆかないようだった。その後も、万が一のために水面下で別の候補者を探っていたというから、その問題意識は相当に高かったのだと思う。しかし私は日頃から、心があれば技術はあとからついてくると信じている。面接でのやり取りを通じて、私は彼女たちが純真で素直との印象を抱いていたので、鄒さんが言うほどの不安は感じなかった。

この一件は、鄒さんと深澤さん、そして私の教育に対する考え方を明らかにするものになった。私としてはますます、教育にかかる責任を感じる一幕となったのである。

意外だったのは、ここで深澤さんと私の意見が完全に一致したことである。鄒さんに採用のやり直しを切り出されたとき、私はすぐ、孤立無援を覚悟した。深澤さんは鄒さん以上に「夢面接」を嫌うタイプに見えたから、「そんなことをしたばっかりに、行儀のわるい若者を合格させるはめになったのだ」と、責められると思ったのだ。しかし、そうではなかった。

「鄒さん、人はね、教育次第だよ」と、鄒さんを説得する深澤さんの口調は、静かなものだったが、教育、そしてその結果もたらされる成長の可能性に対する確信があり、熱かった。

私も、彼女たちの可能性に期待したいと思っていたのだ。

「この人、ただのカタブツではないいんだな」

と、ちょっと、いや、かなり嬉しくなり、深澤さんとの結束が強まるのを感じた。と同時に、それほどこのプロジェクトのことを真剣に考えてくれる鄒さんに対する信頼もさらに深まった。小林さんが出帆させた船が、深澤さんという新しい船長のもと、鄒さんという有能な航海士を加え、再び進みはじめていたのである。

このとき選ばれた、いわば「普通の女の子」たちが、上海万博で最も高級なレストランと謳われた料亭『紫 MURASAKI』で、日本の「おもてなし」を体現する仲居へと成長していくのである。いよいよとなった研修は、まず女将たちの京都修業、そして仲居を育てる上海研修へと続いてゆく。

私は、二次面接の後に不安を感じ、合格者の資質をさらに見極める必要があると思いました。この段階で気を抜くと、後にスタッフが突然辞めたり、勤務態度が悪かったり、オープン時に姿を見せない、などのリスクがあると考え、あえて三次面接の敢行を独自に判断したのです。

一次・二次の面接と同じでは意味がないと思い、考えた方法、それはパーティーです。面接という名目を外し、スタッフの「素顔」を見ることで、最終判断をしたかったのです。とは言え、私は既に二回も面接した身ですから彼女たちに対して審査すべき部分は見尽くした感があったため、これ以上の発見は難しいと思い、二人の助っ人を呼びました。

一人はメディア総研の社長、吉野です。豊富な採用経験から、候補者たちの潜在的な可能性も含めて評価できるでしょうし、同時に日本人の顧客目線で、料亭のサービスに対する彼女たちの適性を判断できると考えました。

もう一人の助っ人、李小牧《リーシャム》氏は「歌舞伎町案内人」として日本に二〇年以上滞在する中国人で、日本文化を知り尽くし、また人間関係が複雑な歌舞伎町で生き抜いてきたため、瞬時に人の本質を見抜く鋭い観察眼を持っています。

さらに彼は新宿で「湖南菜館」という中国料理レストランを経営していることから、飲食業のサービスに対する適性

注意！中国人の面接　その2

鄒 Point

も合わせて評価できると考えたのです。はたして、李氏はスタッフ一人一人の特性を素早く把握、彼が最も高い評価を与えた二名は、後々料亭のコアメンバーとなって大活躍したのでした。

この三次面接のエピソードから皆さんにお伝えしたいことが二つあります。

一つは中国での人材採用にひそむリスクに対し、事前にありとあらゆる方法で調査・確認を行うことです。

中国の募集採用では、その後の教育もさることながら、前もって資質を見極めることが何より重要なのです。また、文化的背景や、言語が違うことも考えると、中国人スタッフの選考には、どうしても中国人の視点が必要です。

鄒 Point

表情・言葉・動作などの微妙なニュアンスから本心を察し、場合によっては隠された嘘を見破ることもできるからです。

「中国人はすぐに辞める」という話はよく聞きますが、私から見ればその大半は、仕事を始める前に、すでに辞めてしまうだけの要素を持っていたのではないかと思えるのです。

もう一つは、プライベートであってもビジネスであっても、人を大事なパートナーとして考えることです。私はスタッフを募集するというより、むしろ半年間、一緒に頑張っていくパートナーを探すという視点で、採用面接に取り組んでいたのです。

料亭『紫 MURASAKI』の女将・主任・仲居たち

第Ⅲ章　幼虫が蝶になるまで——怒涛のスタッフ研修

「菊乃井」での女将修業

「きばってください」

「菊乃井」の女将さんの凛とした一言に、そこにいる皆の背筋が思わず伸びる。

二〇一〇年三月三日。京都東山の「菊乃井」本店に、『紫 MURASAKI』メンバーの姿があった。その日から女将修業をする汪景萍《ワンジンピン》さんと、山口道子さん、そしてもうひとり、主任となる李博宇《リボーユー》さんの三人である。


汪さんは留学を含めて日本に七年間滞在。日本の大手外食チェーンにおいて管理者としての経験を積み、その後は北京でレストランを経営していた、いわば女性実業家である。「社長業を中断して来ていただいたのか」と私たちは恐縮したものだが、汪さん自身は、ここで最高のサービスを学び、今後のビジネスにも活かすよい機会になると考えてくれたようだ。山口さんも、日本の外食産業で経験を積んだのち、中国に語学留学。二年間の留学期間を終え、日本への帰国を控えているところだった。彼女は、仲居を含めて計一七名のサービススタッフのうち、ただ一人の日本人としてわれわれ管理側とのパイプ役も期待された人である。そして、三人のうち李さんだけは、仲居の採用面接に応募してきた人だった。面接では一生懸命にしゃべり、真面目さが際立っていた。採用当時は二一歳。女子大生たち若い仲居の気持ちを理解する同年代のまとめ役が必要だと考えていた私たちは、李さんに白羽の矢を立てた。ただ、そのまま役に就けるには不安があったので、経験を積んでもらうために女将の二人とともに京都研修を受けさせることにしたのである。

三人の「菊乃井」研修は、三月三日から九日までの七日間だ。教育係はベテランの仲居頭さん。「菊乃井」という京都の老舗中の老舗、そのサービスを短期間で仕込まれるのだから、研修は一筋縄ではいくまいと予想していたが、案の定、正座をはじめ、座敷の作業を長時間くり返した結果、二日目には早くも靴が履けなくなるほど足が腫れるといった肉体的な問題が出た。それほどまでに、名料亭のサービスとは体を酷使するものなのだ。当然、心の葛藤もあるだろう。中でも若い李さんのことが気になった。鄒さんと私は、研修中の彼女たちには会わないことにしていたのだが、急きょ、面談をさせてもらうことにした。

目が合うなり、李さんは言った。

「中国に帰りたいです」

鄒さんと私は、思わず息を呑んだ。「ああ、やっぱりそうか……」。しかし李さんはすぐに言葉を継いだ。

「でも心配しないでください。私は中国人として絶対に辞めませんから」

その健気な決意に、私たちはどれだけ助けられただろうか。

七日間というこの短い日数のうちに、三人はよくぞ成長したと思う。最終段階では、鄒さんの発案で研修の様子を撮影し、教育用ＤＶＤにまとめた。「菊乃井」の仲居頭ならではの流れるような立ち居振る舞いとともに、三人が真剣に学ぶ様子を、そのまま上海の仲居候補生たちにも見てもらいたかったからである。

そのＤＶＤを携え、私たちは三月一五日からの仲居研修へと成田を発った。三月二六日には、上海での記者発表会が控えている。そこでは着物姿も美しいサービススタッフを前面に出し、料亭『紫ＭＵＲＡＳＡＫＩ』の《本物度》を強力にアピールする予定であった。

その目標がいかに高いかは、私がいちばんわかっている。そして、その成功率についても。

「菊乃井」での女将・主任研修を撮影したうえで教育用の映像にし、上海での仲居研修に活用したのは、次のような理由からです。

①料亭のサービスについて、日本人ですら内側で経験しなければ分からないことが非常に多く、中国の女の子たちにとっては、なおさら想像もつかない。

②美しい料亭のしつらいや作法を見せることで、モチベーションを上げることができる。

「百聞は一見にしかず」で、特に日本に来たこともない中国人従業員には、日本の実態をありのまま見せ、理解をうながす必要があります。聞いた話では、

鄒 Point

映像と現地スタッフ教育

ある日本企業の現地法人が、本国の教育システムや社内の組織体系（上下関係）をそのまま導入したところ、中国人従業員から反感を持たれたそうです。日本の企業文化を全く知らない従業員たちが、目上の人間にお辞儀をするように教えられた結果「中国人にだけ、頭を下げることを強制している。我々は見下されている」と誤解したのです。

このように、文化の差というのは想像以上に大きく、思わぬ誤解や反発を生む元でもあります。スタッフを教育する際には「当たり前」と思えることも決して省略せずに、丁寧に教えること。そして言葉で伝えきれない部分は映像を活用することをお勧めします。

「高いサービス技術は貴女の将来を変える」

「いまから皆さんに、『宝もの』を差し上げていきます」

二〇一〇年三月、いよいよ始まった上海での仲居研修の初日。私は居並ぶ仲居候補生たちに向かってこう言った。

やや緊張した面もちで集まっている仲居候補生たちは全部で一四名。年齢は一九～二八歳で、上海大学の在学生をはじめとする大学生九名に、あとの五名は社会人である。

場所は上海市の東部、宝山区にある上海大学の一室だ。大学は市の中心部からは遠く離れており、広大な敷地にキャンパスが、まるでひとつの街のように広がっている。中国では学生も教職員もたいがい寮生活を送るため、キャンパス内には学生寮や職員寮も林立し、それでいっそう街らしく見えるのだ。建物はどれもメガサイズ。とくに図書館が立派で、大学の知力を誇らしく象徴するかのよう。構内にはなんとホテルまであり、私と鄒さんは研修中、そこに泊まることになった。

まず彼女たちには、それぞれ自分で日本語の名前をつけてもらった。それを料亭内での呼び名として使うのである。皆、日本文化に興味がある子たちなので、自分の好きな日本名を嬉しそうに申告する。

さて、この研修で何から教えていくべきか。具体的なサービス技術は、「菊乃井」で修行してきた女将と主任の三人が指導することになっている。それならば、私は支配人として、彼女たちが安心して働き、誇りと希望をもてるように、心の面で話をしようと決める。

最初に話したのは「サービスとは何か」ということだった。サービスとはれっきとした技術であり、高品質のサービスは、ホテルやレストランではもちろん、企業でも病院でも銀行でも学校でも、幅広い分野で求められるものだということをレクチャーした。

次はお客様との位置関係について。

よく《お客様は神様だ》という。サービススタッフは、お客様にひたすら奉仕するよう求められる、つまり下から上へ向かう一方通行の関係だ。

しかし私は、その時代は終ったと考えている。これからは、受けたサービスに対してお客様が感動し、その感動がサービススタッフに伝わることによって、サービスした側も喜びを感じる、つまりお客様とスタッフとで相互に与えあうサービスの時代が来る。もちろん『紫

MURASAKI』でも、この「感動循環型サービス」を採用すると決めていた。

三番目に話したのは、失敗したときの対処方法だ。

「もしも失敗したら、お客様にはすぐに謝りなさい。そして、必ず女将と主任に報告しなさい」

女将と主任にも、その報告を私まで伝えることを徹底してもらう。報告をきちんとすれば、その失敗については絶対に叱らないことを約束した。失敗がきちんと上まで報告されれば、お客様へは仲居本人・女将（主任）・私とで三回謝る機会ができる。誠実に対応すれば、クレームも最高のサービスに変わるのだということを、くり返し説明したのである。


私が見るに、サービススタッフ、中国語で言えば「服務員」という職業が中国でおかれている立場は、かなり低いものだと感じる。月収の相場は一〇〇〇~二〇〇〇元（日本円で一万五〇〇〇円~三万円）。大抵は地方出身で、出稼ぎなどで都市部に来て、大部屋での下宿生活を送っている人も多い。それでも地方での五〇〇元よりは稼げているので、希望者が次々と来る。結果、雇う側は湯水のようにスタッフを使い捨てている。

もし、私の目の前にいる彼女たちに「高品質のサービス技術」を伝授することができたら、その地位は中国における「サービススタッフ」の枠を超えて、もっと高くなるだろう。『紫MURASAKI』での事例が、労働力の需給構造さえも変えるのではないか？　それに、私には、この研修で伝えていこうとしているサービスの技術が、飲食業にとどまらず、どんな企業や組織でも通用するクオリティであるという自信があった。

「たとえお茶を出すこと一つにしても、将来、上司においしいお茶をタイミングよく、しかも美しい所作で運ぶことができたら、あなたの評価は確実に上昇します」

研修でこんなふうに伝授することを、私は、自分で言うのも少々口はばったいのだが「宝もの」と呼んでいた。「将来どんな職業に就くとしても、きっとあなたの役に立つ、だから大切に持ちかえってほしい」との想いを込めたのである。そして、こう言った。

「この『宝もの』はモノではなく、あなた達の中に根付くものです。だから、万博が終わってから、私が『さあもう要らないでしょう、返してください』とあなた達に言ったとしても、決して返してもらえるものではない。それはもう、あなた達自身の将来にわたる財産になっているからです」

すべての研修を通じて彼女たちはとても吸収が早く、その理解力には驚かされたものだが、それはこの「宝もの」の大切さをわかってくれたからだと思う。

一日目の研修が終わった後。研修室に、わざわざ上海大学の教授がやってきた。

「いやー、驚きましたよ。すごい研修効果ですね!」

研修を終えた彼女たちが教授とすれちがったときのこと。それまでなら「先生、バイバイ!」というのが常の彼女たちだが、その日は違っていた。立ち止まり、しとやかにお辞儀をして「お先に失礼します」と言ったというのだ。彼女たちは、早くも始めの一歩を踏み出したのである。

現地研修の舞台裏

鄭 Point

『紫 MURASAKI』の場合、万博という特殊な背景からくることでもありますが、スタッフ研修を行ったこの期間、万博会場には、まだ自由に入ることが出来ず、料亭もまだできていませんでした。店舗に入れない、ということは、研修場所は他に探す必要があります。上海の日本料理店に間借りする案もありましたが、まずは上海大学の教室をお借りすることになりました。

教室内に毛布などを敷き詰めて座敷に見立て、和食器や座卓など練習に必要な備品は、現地になければ日本から持ち込むなどの準備をしました。急ごしらえの、ないないづくしの研修会場。しかし、そういった中でも気をつけたことは、丁寧に、できる限り清潔に美しく、研修会場を作り上げることでした。

その理由は、万博、そして『紫 MURASAKI』で働くことに夢を膨らませてやってくる仲居候補生たちの気持ちに応えるため。もう一つは、日本に興味をもち、しかし日本に行ったことのない彼女たちにとっては、我々の行動一つ一つが、日本文化を表すものになると考えたからです。小さなことでも丁寧に、手を抜かず、心をこめて仕事をする。そうすれば、すぐにはわからなくても、いずれ彼女たちの心のどこかに、私たちが目指している日本の「おもてなし」の気持ちが伝わるのではないかと思ったのでした。

八〇后《バーリンホウ》・九〇后《ジュウリンホウ》、頑張る！

研修二日目。実技面では、女将・主任が指導役となり、サービス用語、礼（お辞儀）、立ち座り、お酒の注ぎ方、料理説明、と、細やかな指導をおこなっていく。すばらしい吸収力を発揮する彼女たちだが、日本式の立ち居振る舞いには苦労したとみえる。

ここでもネックになったのは、やはり「正座」。「菊乃井」での修行の際、女将たちが味わったのと同じで、まず足に負担がかかるのだ。

日本人でも近ごろは正座をしなくなったが、ましてや彼女たちは中国人だ。いつも椅子に腰掛ける生活。生まれてこのかた、正座など一度もしたことがない。そこで「正座し、立つ」という立ち座りの練習から始めた。女将が言う。

「勢いをつけすぎると危ないですよ、ゆっくりとね」

女の子たちは普段は動かすことのない筋肉を使うため、力を調整できないようだ。座るときには、「ゴン！」と音がするほどの勢いで膝をついてしまう。立ち上がるときには、バランスを崩してつんのめり、倒れそうになる。ひざに打ち身を作る子が続出したため、全員に膝サポーターを着用してもらった。しかし彼女たちは見るからに痛そうであるにもかかわらず、少しも休もうとしない。とくに、自分一人だけ休むのが耐えられないようだ。足が痛いことを仲間に知られることすらイヤがる。

「足、痛いみたいだけど、今日の練習はもう休んだら?」

「いいんです、大丈夫ですからほっといてください!」

とまで言い切る。痛みのせいか、目にうっすら涙が浮かんでいる。

良い意味で負けん気がものすごく強いのである。自分からは、「痛いです、休みたいです」とは決して口にしない。説得しようとすると、「私って、ダメなんだわ……」と言い、落ちこんでしまうのだ。とはいえ、無理をして万一体をこわしてしまっては、彼女たちのためにも、『紫MURASAKI』のためにもならない。

「貴女は『紫MURASAKI』にとって大切な人。代わりはいないんだ。だから、けっしてムリはさせられないんだよ。みんなの練習を見ているのも、勉強になるものだよ」

噛んで含めるように繰り返し説得すると、やっと納得して休憩してくれる、という具合だ。

また彼女たちには、叱りにくい面があった。ちょっと指摘されただけで顔色が変わるのである。しかしそれも、高いプライドと表裏一体のことだからと考えることにした。私は、こういった彼女たちの特性をふまえ、「一つを注意するよりも一つを褒める」、あるいは「三つ褒めて、そのうちの一つを伸ばす」というポジティブ志向で行くことにした。

研修期間中、全体への注意事項は一日一つだけに留めたのも、彼女たちの敏感さにあわせた私なりの方針である。もし私が気づいた点を全て注意してしまうと、敏感であるがゆえに彼女たちはあれもこれも達成しようとし、却って混乱してしまう。

その日ごとの到達目標をつくり、達成したらその日の研修は終えることにした。これには鄒さんの「早く終わらせるなんてとんでもない！」との抗議もあったのだが……。

「鄒さん、どうしてあの子達は、こんなに頑張れるのかな？」

夜、近所のレストランで料理をつつきながら、ふと鄒さんに聞いてみる。今の日本人の若者に、これほど頑張る子がいるだろうか……と。

「上海万博というわが国の国家的イベントに関わるというのは、中国人の彼女たちにとって、すごく名誉なことなんですよ。家族や友達からも、『すごいね！』といわれてきたかもしれません。だから、脱落するなんてプライドが許さないいんじゃないでしょうか」

「菊乃井」の修行中に聞いた李さんの「私は中国人として絶対に辞めませんから」という

言葉が思い出される。

そういえば、彼女たちの採用を決めた面接の後、「八〇后《バーリンホウ》・九〇后《ジュウリンホウ》」は扱いにくい、わがままで、自分からは動かないから要注意……と言っていたのは、鄒さんじゃなかったかな？

「いやー、正直、私もびっくりしてます。予想以上の頑張りです。柿澤さんの教育法って、今の若者世代にも通じるんですね！」

しみじみと感心されてしまった。

こうして、上海大学における研修は続いた。しかし一方で、当初から、あるひとつのことが気になっていた。「襖《ふすま》」である。料亭において、お座敷の襖の開け閉めは所作の良し悪しが出るポイントだが、さて、指導・練習しようにも、大学にはそもそも襖がない。

やはり、研修の仕上げは、本物のお座敷でやりたい。女将たちもその希望を口にしはじめた。そこで陳英社長の紹介で「金沢」という、上海市内の料亭のお座敷をお借りして、最後の三日間の研修をさせてもらえることになった。まさに、救いの神現る。こうして我々は仲居研修をやり遂げることができた。

いよいよ、料亭『紫 MURASAKI』、そして仲居としての彼女たちを世にお披露目する、「勝負の日」が近づきつつあった。

私が面接時にことさら警戒したのは「八〇后・九〇后」の扱いにくさです。彼らはわがままであるばかりでなく、とにかく根性がない、と言われています。軍隊でもこの年代の若者が従来の厳しさについてこられず、訓練に支障をきたしているという話さえ聞きます。

しかし、仲居候補の彼女たちの根性は、ずば抜けていました。いったい彼女たちは本当に、私が恐れた「八〇后・九〇后」なのか？と驚かされました。

思うに、彼女たちが頑張れたのは「努力に対する効果がはっきりしていた」からでしょう。

何かにとり組むとき、よい結果が得られるとわかっていれば熱心になる、というか、それがわからなければ動かない傾向が中国人にはあるのです。日本人は、会社や上司に忠実で、とにかくがむしゃらに働く勤勉さがあり、上司は上司でビジョンを示せなくとも「とりあえず黙って働きなさい」というのが社会の暗黙の了解としてはびこっているように見えますが、中国ではそれが通用しないのです。

中国の新人類の教育方法

鄒 Point

「ここで学ぶ高いサービス技術は、貴女の将来を変えますすよ」という柿澤さんの言葉は、まさにこの「努力対効果」を明確に保証するものだったと言えます。柿澤さんは決してそれを計算して言ったわけではなかったのですが。

また柿澤さんの「褒めて伸ばす」教え方も実に効果的でした。悪いところを注意しても、なかなか覚えないのです。

それよりも上手にできていることを褒めた上で「もっとこうするといいよ」と言うと、魔法にかかったように伸びが速いことがわかったのです。

それでも「新しいことを一つ教え、皆がそれを出来たらその日の研修は終わりにする」と言われたときには、反対せずにはいられませんでした。そもそも研修期間には限りがあり、ただでさえ時間がないのです。誰もがあせっていました。そのあせりゆえに、特に京都で勉強してきた女将・主任の三人は「何故できないの？」と時間いっぱいまでこと細かに注意せずにはいられないわけです。

でも、柿澤さんはとにかく短時間で、しかしがっちり集中するやり方を主張。

鄒 Point

実際、そのやり方が正しいとわかるまでに、それほど時間はかかりませんでした。目に見えて彼女たちが成長したからです。驚きました。若い中国人に対するときに、これは相当に有効なんだと、私自身の勉強にもなりました。

結論として得た「八〇后・九〇后」教育のツボは以下の四つです。

①「努力対効果」をはっきりさせる
②注意するよりも、よいところを褒めて伸ばす
③注意しなければならないときは、一日一項目にとどめる
④時間はなるべく短く、集中して教育する

皆さんの「八〇后・九〇后」スタッフ教育に役立てば幸いです。

デビュー！ 記者発表会

「とにかく笑顔！　皆さん一人一人が笑顔さえ忘れなければ、あとは少しくらい失敗しても大丈夫ですから！」

上海市、旧フランス租界にそびえ立つオークラガーデンホテル上海（花園飯店）の一室。私は着物姿で緊張気味の仲居さんたち全員に向かって、笑いながら言葉をかけていた。

上海大学での研修開始から一二日目の二〇一〇年三月二六日。いよいよ、『紫 ＭＵＲＡＳＡＫＩ』記者発表会の開始時刻が目前に迫っていた。

私のみならず、関係者の誰もが少しは不安に思ったに違いない。すでに記者発表会の進行と演出は、『紫 ＭＵＲＡＳＡＫＩ』の仲居である彼女たちをも前面に出すようプログラムされている。華やかな存在感のある着物を着こなした彼女たちの立ち居振る舞いはきっと、料亭『紫 ＭＵＲＡＳＡＫＩ』のサービスの本物ぶりを伝えてくれるに違いない。元々自分が言い出したことではあったが、いざその日を迎えると不安もよぎる。いや、大丈夫だ。

「とにかく笑顔でいこう」と語りかけた。

司会者による『紫ＭＵＲＡＳＡＫＩ』の紹介、キッコーマンからの挨拶、料理アカデミーから三料亭親方の紹介へと進み、支配人として私も挨拶した。

実はこの日、『紫ＭＵＲＡＳＡＫＩ』は大冒険に出た。「記者の皆様にも日本の料亭のサービスを味わっていただく」という趣向で、仲居さんたちによる、お抹茶・お菓子のサービスを行ったのである。

彼女たちはお茶の作法に則り、記者一人一人に丁寧にサービスを行ってゆく。もちろん、手元の袖さばきも完璧。一連の優雅なサービスは、会場の雰囲気を和ませる。

約五〇名もの記者に滞りなく、タイミングよくサービスするのは難しい。しかし彼女たちは、いったいどこにそんな能力を隠していたのか？　と思わせるほどに、おちついて、優雅かつ迅速なサービスをやってのけたのだ。

終盤は山口女将、汪《ワン》女将、李主任がマイクを渡されて一言ずつ発言。最後に、仲居さんたちも舞台上で撮影を行った。それは、ほんの一二日前までは幼虫だった彼女たちが、蝶となって艶やかに翅を広げた瞬間だった。

ホテルの関係者からも「どうやって教育したんですか？」「すばらしい」と声をかけられた。

「特別なことはしていません。彼女たちのやる気を引き出しただけです」と答えるのに忙しかった。

ここで意外な一面を見せた人がいた。深澤さんである。実はお茶の心得があることがわかったのだ。茶筅《ちゃせん》を自ら選んで買ってきて、当日は率先してお抹茶を点てていた。その様子がいかにも様になっているのである。深澤さんのご実家は書道用品を扱っていて、伝統的な日本文化は日常にあふれていたらしい。こんなにも繊細で、かつ文化の分かる人だったなんて。

「だからこそ『紫MURASAKI』を理解してくれたんだなぁ」

前任の小林さんには、物事を無から立ち上げるに相応しいバイタリティと鷹揚さが、そして深澤さんには、ディテールを大切にする緻密さがある。今にして思えば、小林さんから深澤さんへの交替劇は、見事なスイッチだったのだ。

開幕前のこの時期、サービススタッフ、つまり仲居の教育もまた『紫MURASAKI』オープンまでに完成できるかどうかが不確実な要素の一つだった。だが、それもこの日まで。記者発表会を無事にこなしたことで、「サービス」は、晴れて不安要素リストから外されたのである。

こうして研修、記者発表という大舞台を乗り切った女将と仲居たちは、五月の万博開幕をむかえたのだった。

第Ⅳ章　中国ルールの強烈パンチ
――開幕前ひと月の七転八倒

厨房がぜんぜん出来上がらない

「これは……ひどいな」

ヘルメットをかぶったまま、あとの言葉が続かない。『紫 MURASAKI』プロジェクトに加わって中国に来るようになってから、すでに何度目かの絶句。猛烈なホコリの舞うなか、私たちは料亭『紫 MURASAKI』ができるはずの場所で、所せましと散らばる板切れと工事資材に囲まれ、まだ床にすらなっていないその場に立ちつくした。

それは上海万博開幕まで、残り一ヶ月を切った、二〇一〇年四月上旬のある日のことだった。前月末の記者発表会成功の喜びもつかの間、私たちは上海万博会場の料亭建設現場に出向いた。『紫 MURASAKI』の完成・建物引渡しは、四月一二日に予定されている。それに続き、数日後には、料理人たちも日本を飛び立って、上海へ入る手はずになっていた。

普通なら、いよいよ気合が入るところである。しかし、そういう気持ちに水を差す、良からぬ空気があった。そう、工事が遅れていたのである。それも大幅に。

そこには、何もなかった。厨房がどうとか、襖がまだとかいうレベルではない。天井も壁も、床ですら、形がなかったのである。

「……………」

共に確認に行った全員が、呆然とした。思わず「オープンは無理だ」という言葉が浮かんだが、ぐっとこらえる。

たしかに、当初から設備面も難航してはいた。万博当局から建築に関する規定変更が度々通達され、その都度、図面の変更を行う羽目になっていた。この当局の規定変更は、建築関連だけに限らず、あらゆる部門で頻繁に行われ、私たちを日々悩ませていたのである。

その結果、着工が遅れ、工期は短くなった。しかしそれ以上に致命的だったのは、現場での意思疎通がうまくいかなかったことである。

工事監理は日本の会社だが、施工は中国の業者。その両者の間をつなぐはずの通訳がたった一人しかいないので、日本産業館の他の現場にも行かなくてはならず、なかなか『紫MURASAKI』には来られない。監督者と職人さんの間で確認が必要なことがあると、通訳が戻ってくるのをじっと待つしかないのである。

しかも、本来予定していたものより明らかに質の劣る資材が中国の業者から納品されたことも、一層工事の遅れに拍車をかけた。日本人の担当者は、もちろん資材の発注前にサンプルを確認しているにも関わらず、である。

「どうしてそんなことになったのかな……」

「サンプルを確認して注文したら、日本ならサンプルどおりの商品が届きますよね。でも、中国では油断は禁物なんですよ」

と、鄒さん。

「サンプルを確認しても、さらにもう一段階用心し、自分の足で出向くなどして、『実際自分が購入する商品』を確認する必要があります。『お見せしたサンプルと同じロットで入荷したものです』なんて言って、質の劣るものや、違うものを納入してくるのは、この国ではよくあることです。日本と違って、買い手にも、希望どおりの商品を購入するための踏み込んだ努力が必要なんですよ……」

そうこうするうちにも時間は過ぎてゆく。四月一五日には第一陣の料理人六人――「菊乃井」「たん熊北店」「魚三楼」の各料亭から二名ずつ――が、予定通り日本からやってきた。彼らの表情は、旅の疲れと不安、そしてそれ以上の期待と自信に満ちていた。そして出た一言。

「何はともあれ、早くこちらの材料を使って料理を作ってみたいですね」

厨房は影も形もないというのに！　しかし、ここで彼らのモチベーションを下げるわけにはいかない。

ここはひとつ、鄒さんに登場してもらおう！

かくして、一日目は鄒さんによる「中国ライフ・リスクマネジメントセミナー」の開催とあいなった。料理人たちは、中国に来ること自体がはじめてという者が殆ど。中には海外に来るのが初めて、という者もいる。今回は長期滞在、しかも万博開催中の上海という特殊な状況下。万博会場内で働くという任務も重大なら、その責任も重い。なんとしても無事に過ごしてもらわなくてはならない。

「まず、日本とは違うということを、皆さんに理解してほしいんです。どのくらい違うかというと……」

生活上の注意、絶対にやってはいけないこと、地下鉄の乗り方から万が一の場合の対処方法など、鄒さんは噛んで含めるように、こんこんと話し続けた。

当時、我々が最も心配していたのは、料理人の方々の安全をいかに確保するかという点でした。私はまず、上海で日常生活を送るための知識や注意事項を事細かに伝えました。レストランでの注文の仕方からクレジットカードの使い方、財布などの貴重品の保管、地下鉄の乗り方、市場での値段交渉など、彼らの生活シーンから想像される、あらゆる場面に対応する知識を伝えたのです。

例えば、交通ルール一つとっても違います。中国では、車は右側通行。さらに、進行方向の信号が赤であっても、車は右折が可能です。

つまり、歩行者信号が青で横断歩道を渡っていても、右折する車が遠慮なく走りこんでくるということです。日本のように歩行者優先ではなく、車が一旦停止して歩行者の通過を待ってくれるということはありません。しっかりと左右を確認しないと非常に危険です。また、中国では近年電動バイクが増加しています。エンジン音がしないため、後ろから音もなく近づいてきますので、接触事故を避けるために、道を歩くときは背後にも注意が必要です。

そういった知識の他に、中国駐在暦一〇年前後の新聞記者やビジネスマン数名にあらかじめヒアリングを行い、その方たちが実際に遭遇したり、見聞きしたトラブルと、その解決方法を料理人の皆さんに説明しました。その中

日常生活でのトラブル回避

鄒 Point

には、交通事故に巻き込まれた・中国人と喧嘩になった・夜の飲み屋でトラブルが発生した・誤認逮捕されたなど、実に様々なケースがあります。これらの処理は発生直後の対応が一番大事なので、そこを重点的にまとめマニュアル化しました。また『紫 MURASAKI』の日本人スタッフが使う中国の携帯電話はすべて、簡単な短縮ボタン一つだけでメディア総研の中国人スタッフにつながるよう設定しました。我々は交代で二四時間、緊急対応にあたったのです。

私はいつも言います。「中国はあなたにとって未知の世界です。日本にいれば、あなたは中国人の私よりも、どういう場所が危ないか、近寄るべきでないか、直感でわかるでしょう。逆に、中国では日本人の皆さんにわからないことがたくさんあります。用心のために、どうか私の話を聞いてください」と。

鄒Point

日本人が忘れがちな、でも重要な事として「中国は日本に対して複雑な感情を持つ国であり、だからこそ充分に気をつけなくてはならない」ということも必ず強調して伝えます。例えば、中国人は日本語がわからないだろうと軽はずみに相手を軽視する発言をすると、場合によっては意味が伝わり、大きなトラブルに発展することがあります。当たり前のことですが、絶対に慎むようにしていただきたいと思います。

クビをかけて発破をかける

その後の二、三日、料理人たちは現地での生活に必要な物資をそろえながら厨房の完成を待った。それでも工事は遅々として進まず、ついに彼らが滞在している部屋のキッチンで試作をすることになった。彼ら自身が現地の市場を視察し、材料を見極めた上での試作。六人の料理人たちはみな淡々と応じてくれているが、内心は穏かではないはずだ。

外国、とくに中国の現場では、こうしたスケジュールの遅延は当たり前だという。とはいえ、このまま厨房が出来上がらなかったらどうしよう、彼らも五月一日に向けて体も心も研ぎ澄まして来ているはず。そう思うと、開幕前の一日、一時間がものすごく貴重で、時間との戦いに「待つ」ことしかできない自分に腹立たしさを覚えた。

その後も何度も何度も工事現場に足を運んでは交渉したが、料亭と呼べるしつらいには程遠い。当初、調理場だけでも先に稼動させられるように調整をおこなった。しかし、とても客室の工事まで思うように進むとは思えない。四月一九日、私はついに一つの決断をした。

「関係者の方、集まってください」

その場に二〇名ほどが集まった。

「現在の資材と進捗状況であれば、仮に突貫工事で無理やり開幕に間に合わせたとしても、とても三〇〇〇元を頂くことのできる料亭の姿にはならないでしょう。キッコーマンから委託を受け、この料亭を任されている私としては、仮に日本産業館の誰かに厳令されても、もしくは万博当局の関係者に言われても、そのようなお店を開けるつもりはありません。料亭は、料理、サービス、しつらい、文化が一体になって、初めてお客様に感動して頂けるものです。その内のどれひとつ欠けても、それは料亭ではありません。よって、五月一日にどうしてもお店を開けようと思うなら、私をクビにするか、それとも胸をはって料亭といえる店舗ができるようにするか？　どちらか選んでください。でなければ、誰が何と言おうと店を開けるつもりはありません」

私はそう言い残して、その場を離れた。誰だって、早く完成させたい気持ちはあるだろう。文化の違いや、仕事の進め方が特殊に交差し、思うように進まないのもわかる。でもそれをゆるしてしまうと、オープンには間に合わない。

自分のクビをかけた、最後の一押しだった。

包丁を料亭に持ち込めない!?

実は、この時期の私を追い詰めていたものは、工事の遅れだけではなかった。一つには新鮮な食材の搬入に絶対必要な「保冷車」が手配できずにいたこと。さらにもう一つ、まったく信じがたいことだが、万博会場に包丁を持ち込めないと言われていたのだ。

「万博会場に包丁は持ち込めないって、どういうこと?」

「万博の規定です。万博会場の安全管理規定に、もろにひっかかってしまうんです」

「規定? そんなこと言われても……」

冗談じゃない、うちは料亭だ。包丁なしでどうやって料理をするというのだ?

当局にとって、万博という国家イベントにおける最優先事項、それは他でもない「安全」であり、そのため危険物の持ち込みには厳しい規定が設けられていた。私たちスタッフは開幕前から、会場に入る際、スタッフ専用ゲートにおいて空港の手荷物検査以上に厳しいチェックを受けていた。問題はその「危険物」の定義だが、なんと小型の事務用ハサミから包丁まで、あらゆる刃物が「危険物」として扱われ、一切の持ち込みが禁止されていたのである。

料理人たちは、六名であわせて三四本もの包丁を携えて来ていた。一名あたり、五～六本の数である。日本料理の包丁には、目的ごとに刃のつくりの異なるさまざまな種類がある。魚を下ろす出刃包丁、刃が長くて薄く、刺身を切り分けるのに欠かせない柳刃、肉を切る牛刀、野菜を切る菜切などだ。また同じ出刃でも魚によって大きさを使い分ける。それだけの種類の包丁を使いこなしてこそ、美しく繊細な日本料理がつくれるのである。

包丁は料理人にとって命の次に大切な物である。それは、持ち主だけが使える道具であり、たとえ親しい仲間であっても触ることは許されない。「六名で三四本」にもなるのは、そういう理由による。これを持ち込めなければ『紫 MURASAKI』として納得できる料理は、一品すらつくれないことになる。

「鄒さん、いったいどうすればいいんだ?」

鄒さんは頭を抱えている。中国人の彼には、なぜ「六名で三四本」にもなるのか、意味がわからないらしい。しかし日本料理における包丁の種類と大切さを聞いて納得し、こう言った。

「それは……万博当局の『ルール』が対応しきれていないんだよ!」

鄒 Point

ざっくりしている中国ルール

当初、料理人がなぜ自分専用の包丁を何本もセットで持っているのか、私には理解できませんでした。中国料理の世界ではあり得ないことです。

万博ルールも対応できるはずはありません。「刃物は全て禁止」であることはもちろん「各自専用の包丁」「六名で三四本」などということは想定していないのです。ルールそのものは変えられないので、「特例」として認めてもらうように努力するしかありません。

中国のルールは、大体においてざっくりしています。基本的に全体の方向性を大きく示すだけで、様々なケースを想定して細かな条項を設ける、ということはあまりしないのです。

上海万博のルールもまた、ざっくりしたもので、北京五輪の場合と比べるとその違いがよくわかりました。同じ中国開催の国際イベントとはいえ、オリンピックのルールはＩＯＣ（国際オリンピック委員会）のもの、つまり世界基準です。しかし万博のルールは、政府と上海市がつくったもので中国仕様の独自のものなのです。項目数は山のようにあるものの、よく読むと一つ一つは大雑把。「とにかく右を向け」との体制で「左に行く」といった例外は想定していないわけです。左に行きたいときは、その都度交渉しなければなりません。

そんな上海万博において、『紫 ＭＵＲＡＳＡＫＩ』は実に、左に行かねばならないことだらけでした。中国サイドからすれば『紫 MURASAKI』は異文化そのもの、私たちが料亭を運営するうえで当然と考えていることも「ルールにないからダメ」となるわけです。包丁も「左に行かねばならない」一例でした。

日本なら「例外としてAの場合はこうする、Bが起きたらああする」「Cにならないよう日頃からDに努める」と、あらかじめ色んなケースを想定して、きめ細かな規則をつくるでしょう。それに対して中国では「あらかじめ想定して規則をつくる」ことがほとんどなく、「何か問題が起きたら、そのときに対応を考える」のが原則なのです。

たとえば、国民を大きく右にゆかせたいと思ったら「とにかく右を向け」

鄒Point

という法律をつくり、施行します。みんなそれにしたがって歩きますが、そのうち「どうしても左に行かなければならない」という人があらわれたとします。すると役人たちはその主張を審査し、正当だと判断できれば左に行かせる方法を考え、例外として許可するのです。

日本人からすれば、いいかげんに感じられるかも知れません。しかし、これだけ国土が広く人口も多いと、どんなことが起きても不思議はありません。あらゆるケースを想定するなんて、はじめからムリと考えられています。中途半端な規則をつくろうものなら、かえって抜け穴ができてしまうので、とにかく大枠だけを決めてあるわけです。

間一髪！運び込まれた包丁

私たちはまず、包丁を手荷物として持ち込むことをあきらめ、資材としてトラックで搬入する方法を探ることにした。危険物のチェックは、手荷物であろうがトラックであろうが、同様に厳しいことに変わりはないのだが、我々が日々徒歩で関係者用ゲートを通る際に受ける「問答無用」「危険物即没収」の手荷物検査よりは、トラックルートのほうがマシな対応をするのではないかと期待したのである。

トラックを手配する、といっても、自分たちで好きな運送会社にたのんで配達させることなどできはしない。日本産業館は上海万博会場内のA～Eのエリアのうち、黄浦江《こうほこう》を挟んで西側のDE区とよばれるエリアにあり、DE区には、万博当局と契約した三つの運送会社のみがトラックを入れることができる。DE区にある各パヴィリオンには、三社のいずれかが振り分けられているのである。

さっそく、深澤さんと鄒さんは日本産業館を担当する運送会社を訪ねた。が、そこでいきなり門前払いをくらってしまう。仕方なく別の会社を訪ねるが、二軒目もダメで、最後の三軒目を訪ねた。

その三軒目の運送会社の事務所では、担当者らしき若い女性が電話中だった。その姿を見て、鄒さんが言った。

「見てください、彼女の携帯電話。電源ケーブルをつないだまま話をしてますよ。彼女、たぶん電話を切る暇もないいんですね」

華やかな万博を裏で支える彼ら運送会社も、間近に迫った開幕に向けての大詰め、各方面からのひっきりなしの問い合わせにてんてこ舞いだったのだ。

鄒さんは深澤さんと二人で三〇分ほどじっと待ったが、切った途端に次が鳴る、を繰り返し、電話がまったく途切れない。

「鄒さん、また出直しましょう」

深澤さんはそう言っておもむろに立ち上がり、カウンターにそっと名刺を置くと、電話中の彼女に向かってその大柄な体を折り曲げて深々と頭を下げ、部屋を後にしたという。

次の日も同じだった。その次の日、そのまた次の日も。ただ、先の二社とは違い、話を聞いてもらうことすら出来ない代わりに、断わられてもいないわけである。もう、ここにすがるしかない。深澤さんは、訪問のたびに深々とお辞儀をしたそうだ。

「どうか、よろしくお願いします。私たちを助けてください」と。

「深澤さん、運送会社の彼女が来てくれました！」

最初に訪ねてから五日目のこと。何と、ありがたいことに彼女のほうから『紫MURASAKI』を訪ねてきたのである。そして言った。

「ただただ、感激したんです。私のような若輩に、こんな立派な人が深々と頭を下げてくれるなんて。この人に協力しなくては、人間として、自分の心が許さない、そう思ったの」

深澤さんの真摯な気持ちが伝わり、超多忙を押して足を運んでくれるほどに、彼女を動かしたのである。

彼女はFさんといった。詳しく包丁持ち込みについての事情を説明すると、協力を約束してくれた。助言に従って申請書を作成し、それを預けて許可を待つことにする。

希望を持って待つこと、数日。だが許可は一向におりない。私たちの申請書はどうやらたらい回しにされ「そんな危険な刃物を持ち込ませるなんて」と、誰も責任を取りたがらないのであろう。ある日、鄒さんが言った。

「今日が最後のチャンスかもしれないですよ」

開幕前のこの時期、万博会場のセキュリティチェックは段階的に厳しさを増すことになっていた。つまり、何日かごとに、安全検査の厳重さがレベルアップするのである。そうして、最も注目が集まる開幕日には最高レベルの体制で臨むという流れだ。明日には、もう一段階レベルが上がり、包丁がますます通りにくくなるという。

時計の針をじっとにらみつけていると、鄒さんの携帯が鳴った。Fさんからの電話だった。

「通りましたよ!」

Fさんが、一体誰をどのように説得してくれたのかは、今でもわからない。だが、ともかくも彼女は、我々の申請書に当局側のハンコをとってきてくれたのだった。

そして、数日後の真夜中。

トラックゲートに集まった私たち『紫 MURASAKI』メンバーに混じって、そこにはFさんの姿があった。

搬入トラックがゲート内に入るのは、開幕前も会期中も、夜中の〇時からと決められていた。料理人たちの包丁を積んだトラックがやってくる。しかし、土壇場でひっくり返ることがないとも限らない。手配通りにコトが進むかどうか、彼女はわざわざ自分の目で見届けに来てくれたのだ。

結果、とうとう会場内へ包丁を入れることができた。

「ありがとう!」

深夜の万博会場で、私たちは彼女と硬い握手を交わしたのだった。

その後、料理の試作をしたとき、Fさんには真っ先に召し上がっていただいた。外部の人として、『紫MURASAKI』の料理を初めて口にするのは彼女しかいないと思ったのだ。Fさんは「とても美味しいし、きれいだわ!」と感激していた。「なるほど、このためにあれだけの包丁が必要だったのね」

さらに冗談で、

「中国館で必要だった少林寺拳法の道具さえ、会場には入れられなかったのよ。仕方がないから模造の刀を使うらしいわ。万博会場でもし喧嘩になったとしたら、『紫MURASAKI』が一番強いわね!」

包丁は料理人とともに入れ替わる。その後、メンバーの交替で何度か包丁を持ち込んだが、このときに出来たルートのおかげでスムーズに搬入できたのであった。

私は日本で「ただで動くのは地震だけ」という言葉を聞いたことがあります。日本に住む中国人として、この言葉の意味を身をもって理解しているつもりです。でも、今回は違いました。Fさんと深澤さんの一件を通じて、私はこう思いました、人と人の間では、もちろん言葉での交流が大きな位置を占めますが、気持ちが伝わるのも同じくらい大事なことであると。時には言葉がなくても、「本気の行動」によって気持ちが伝わり、人が動く場合だってあるのです。

「本気」は周囲の人を想いやる行動にも出ます。部下はそういう上司の行動をしっかりと見ているものです。本書に登場する深澤さんや柿澤さんの一連の行動は、中国人が一般的に抱いている日本人観や、中国人スタッフ達の上司観をも変えたかもしれません。

鄒Point ――「本気の行動」中国で受け入れられる日本人

「本気の大切さ」に関して、もう少しお伝えしておきます。例えば日本では商談のあとに、よく「一度社に持ち帰って、上司に相談して……」という場面がありますね。見込みがあればこそ慎重に検討するわけですが、その態度が中国では「本気でない」と思われるので注意が必要です。決定が遅ければ、ゴーサインが出ても中国ではとっくに終った話になりかねません。

人脈を大切にする国柄ゆえに「一匹狼は中国で成功しない」との言葉を耳にすることもあります。しかし実は反対で、即断即決の一匹狼のほうが成功するのです。相手に本気をみせることが、中国でのビジネスには不可欠です。

中国には「チルド車」がない!?

「万博会場内の各パヴィリオン・店舗への物資配送はすべて混載トラック使用。会場への入場が許可されている運送会社は三社。それ以外は認めません。運び込む物資は、前日の一六時までに内容申請しなさい云々」

会場での物流ルールが明らかになった時、私たちは頭を抱えて唸るしかなかった。

「混載かぁ……」

包丁の例があるように、トラックにはきびしい検査がかけられる。ゲートでは積荷の検査ばかりでなく、車両そのものとドライバーのチェックも行われ、かなりの時間がかかるのだ。出展者が勝手にトラックを手配したら、毎日、検査待ちの車両が数千台もあふれかえって収拾がつかなくなると当局は判断したわけである。

それはもっともだ。だから資材に関しては、『紫ＭＵＲＡＳＡＫＩ』もそれに従っていた。しかし、問題はこれから始まる食材の搬入である。『紫ＭＵＲＡＳＡＫＩ』では当然、生きた魚を使う。それを混載トラックに任せたら、会場内をぐるぐる配達してまわっているうちに、魚が死んでしまうのは必至である。
旬の新鮮な食材、季節感が大切な懐石では、生魚の他も、使用するのはデリケートな温度管理の必要な食材ばかりである。トラックは『紫 MURASAKI』専用であるばかりでなく、保冷——しかも鮮度の保持に最適な「チルド」といわれる温度帯をキープできることが絶対条件だ。さらに『紫 MURASAKI』が理想とするのは、一般的に〇～五度とされるチルドの中でも「二～五度」という、実に微妙なゾーンなのである。

なんとか『紫 MURASAKI』専用の保冷トラックを入れられないだろうか。特例として認めてもらう道はないだろうか……。

調べ始めて判明したのは、中国には「冷凍車」「冷蔵車」はあっても「チルド車」がない、ということだった。中国料理では魚はもちろん、野菜ですら生で食べることが少ない（この頃ではサラダが浸透したが）。肉や魚の保存には冷凍が一番だと考えられているのである。
「そうか、この国にはふつう、冷凍魚しかないんだったっけ」

私は、初めて上海の市場を視察したときの衝撃をまざまざと思い出した。上海には新・旧二つの魚市場がある。先に古いほうの市場へ行ったが、建物全体がひどく老朽化していることと、売場が汚れていることに衝撃を受けた。つぎに並んでいる魚をみて、思わず、こりゃあひどいとつぶやいてしまった。とても買う気がするものではない。

そこで、古いほうの市場は早々に切り上げ、次に新しい市場へ行った。しかし、そちらも環境はたいして変わりがないばかりか、売り物である魚は、先程の市場よりもさらに悪く見えた。腐りかけた太刀魚が汚いビニール袋に入れてある、黄色く油ヤケしたまながつおが、冷凍から解けかかった状態で積まれている……そういう状態だ。私のこれまでの経験上、市場という場所に対して抱く期待が、ここまでくつがえされるとは驚きだった。

そうした魚とくらべると、野菜はまあまあである。ただし、品種をうんと限定すれば、の話。日本の料亭が使う種類からすると、およそ三割といったところだろうか。日本料理に欠かせない柚子やわさび、しそ、花穂などのツマは、とても手に入りそうにない。近郊の農地も数か所見て回ったが、畑というよりは「荒地」である。もっともこれは、日本にはない中国の農法によるものだということが、後からわかったのであるが。

かなりキビシイな……。そう思いながらも、最後に、日本を出発する前にあらかじめ調べておいた食品卸会社を訪ね、日本人社長である小玉さんと面会した。聞けば造船業から身を興して食品の輸入を始めたという、パワフル、且つユニークな方だった。

小玉社長の会社の取り扱いアイテム数は、日本からの輸入品も含めて約一〇〇〇点。数でいえば世界規模で展開する大手業者より少なく、本格的な料亭の必要アイテムから見れば、《あれもない、これもない》の状況ではあった。それでも、商品の安全と安定供給を約束してくれた上、現状では取り扱いが無い商品についても、『紫 MURASAKI』のため、早急に取り扱いを検討してくれるという。社長自ら「何でも言ってくれよ！」と力強く言ってくれて、私は思わずその手を握り締めたのだった。

その言葉通りの尽力で、刺身にできる生きた魚も手に入る手はずになっていた。だがその輸送手段が「混載」では……。

特例中の特例「直送の保冷車」

私は、混載ではない、『紫 MURASAKI』への直送ルートの確立を目指すとともに、保冷車を探すことになった。探すといっても、頼るのは今回も小玉社長である。

小玉社長の会社にも保冷車はなかった。もちろん日本人として、チルドの有用性はわかるのだが、お客からそこまで求められることがないので、わざわざ持つことはなかったのだ。

「わかりました。ではこの機会にウチの冷蔵車をチルド対応に改造しましょう」

彼ははそう約束してくれた。

「いずれはニーズが出てくるでしょうし、先行投資ですよ」

ありがたいことである。「何でも言ってくれよ！」の言葉通り、チルド問題は小玉さんの心意気でクリアできそうである。

しかし直行の許可が下りなければ、せっかくのチルド車も使えないのだ。そちらの交渉を急がなければならない。私たちの要望を受け、日本産業館と万博当局のDE区担当者、物流会社や食材を提供する業者が集まることになった。

ところが、いざ会議が始まると各業者が自分の立場で主張。話がまとまるどころか、何のための会議なのか本人たちもわかっていない気配で、一向にらちが開かないのである。

「なぜ、〇度ではいけないのか⁉」

しかし発言が一回りしたところで、すっと立ち上がった女性がいた。Yさんという万博当局の担当者である。

「輸送トラックは全部図面を送りなさい。そして『紫ＭＵＲＡＳＡＫＩ』は普通の冷凍・冷蔵車ではダメだという理由書を出しなさい」

ピシリと、現実的で具体的な工程を示してくれたのである。それは、会議に出た発言の全てを真剣に聞いていなければできないことだった。

「あの人、いいね、デキる人だね！」

鄒さんの人脈センサーはただちに反応。会議後すぐYさんへ電話を入れて協力を頼んだところ、Yさんは「はい、わかりました」と返事をしてくれたそうだが、社交辞令ということもある。ともかくしばらく待つしかないと鄒さんは言った。

と、その翌日だった。昼食を終えて鄒さんと歩いていたら、向こうからYさんがやってくるのが見えた。なんとその手にはアイスクリームが握られている。

近づいて挨拶すると、Yさんは恥ずかしそうに言った。

「今からちょうど、上司のところへ『紫MURASAKI』さんのことを話しに行くところだったんです。でもね、ちょっとだけ時間が早かったものだから、ついこれを……」

アイスを隠そうとする様子が、昨日のキレ者の姿と打って変わり、なんだか可愛らしい。とは言え、これから打合せに行くことは事実のよう。

「丁度よかったです。あなた方も一緒に来て、状況を説明してください」

さらにもう一押しというように、鄒さんはその日、Yさんを食事に誘った。仕事をする上で欠かせない、中国式「朋友《ポンヨウ》」になるための第一歩として、である。中国では関係構築のために、まず食事を共にすることが大切なのだ。

こちらがお誘いしたのはYさん一人のつもりだった。しかし当日、意外にも彼女はお母様を連れて現れる。すると鄒さんが目を輝かせた。「これはいい流れだ！」と。

中国の感覚でいくと、相手が家族を同伴するのは、かなり真剣な証拠だというのである。普通の食事が第一歩なら、家族同伴はさらに一つ階段を上がること。Yさんは最初の食事で、早くも第二歩を踏み出してくれたのである。

食事は和やかにすすみ、会話も弾んだ。もちろん私は日本料理の魅力と、それがどんなに高い技術で生み出されているのかを、アピールすることを怠らなかった。Yさんは一つ一つに深く頷きながら聞いてくれたものである。

食事が終わる頃、話題はプライベートに移った。鄒さんは母娘の話に耳を傾けている。熱心に聞き入るあまり、私に通訳をするのも忘れたようだ。私は彼らの様子をじっと見ていたが、言葉がわからないなりにも、Yさんが最近お父様を亡くしたのだと理解できた。なぜそれが理解できたのか、自分でも説明できない。が、私はそう確信するとともに、お母様に対して、何かを言って差し上げたくてたまらなくなった。

私は給仕の女性にグラスを一つ持ってくるように頼んだ。そしてYさんとお母様の間に置き、お酒を注いで語りかけたのである。

「天国のお父さん。娘さんはこんなに立派になって頑張っていますよ。だからお母さんもとても幸せです。安心してください」

鄒さんがびっくりして私を見、そして彼女たちへ訳してくれる。それを聞いたお母様の目から、涙がポロポロと流れ出した。私の手を強く握り締め、何度も「ありがとう」を繰り返してくださる。Yさんはそんなお母様の肩を優しく抱いていた。

Yさんは私たちの願いが通るよう、各部署間の調整を行ってくれた。彼女のおかげで当局にも「チルド」の必要性を理解してもらうことができ、「専用保冷車での直送を認める」との結論を導く。決定が伝えられたのは四月半ばのことだった。

包丁とトラック、これらの騒動が語るものは何か。それは四つある。一つ目は「ルールは万能ではない、だから不足があれば補ってもらうに限る」、二つ目は「交渉では、糸口となる人物をつかまえろ」ということだ。そして三つ目、「希望が叶うかどうかは、どこまで本気で望んでいるかにかかっている」。状況を冷静に分析し、能動的に、強い意志と真心をもって行動する大切さをつくづく感じたのである。四つ目は「目的を果たすためにはずっと動き続けることが大事」、動くことによっていろいろな人と出会い、チャンスが増えるのだから。

当局もおそらく、『紫 MURASAKI』は万博の目玉の一つであると考えてくれていたと思う。この特例を認めてもらうプロセスは、既存のルールを否定や批判するものではなく、細部を新たにつくってもらうことだった。そのように謙虚にかつ前向きに解釈することが、対策を講じる上でとても重要なのである。

日本では、ビジネスの打合せといえばまず会社の会議室を連想します。しかし中国では、レストランで食事をしながらの打合せがごく普通に行われます。日本人は、商談成立したのでお祝いに食事でも、という順序ですが、中国では、初対面でいきなり「食事でも」と言われたりします。中国ではこれを知らずにいると、ついつい断わってしまい、ビジネス不成立になりかねないので要注意です。

また「中国人にすすめられて飲み過ぎた」という話もよく聞きます。「迷惑だ」というニュアンスで語られることが多いのですが、それは誤解です。中国人は日本人と比べてアルコールに

鄒 Point　お酒と朋友《ポンヨウ》と中国ビジネス

強く、飲酒量が多い。よく「課長級は白酒《バイジュウ》五〇〇ミリリットル、局長では一リットルは飲める」などと言われます。さらには、何とビジネスの話をしなければならない上司のかわりに、お酒をひたすら飲んで盛り上げる係の人を連れてきて同席させる場合もあります。つまり、それだけビジネスの場におけるお酒を重視しているのです。

彼らはお酒をすすめるのも上手ですし、一人でちびちび飲まずに周りの人を誘って「乾杯《カンペイ》」を繰り返すため、日本人は断われずについ飲みすぎてしまうわけですが、それでも、中国社会での食事（お酒の席）には「親睦を深める場」と「商談の場」という二つの意味があること

を決して忘れてはなりません。

「すすめられたから」といって飲みすぎ、完全に酔っ払ってしまっては体にもよくありませんし、ビジネスになりませんから、相手を見極める冷静さを残しておく必要があります。自分の酒量というのは自分にしかわかりませんから、さじ加減は非常に難しいのですが、お酒がまわる前になるべく早く商談の要点を話し合ってしまう、などの工夫も必要でしょう。

また中国人との付き合いで、お互いの関係が一歩進んだ証となるのは、相手の家に招待されたときです。さらに、もしその人が食事会に、普通は絶対に会わせない人、例えば愛人を連れてきたとしたら、それはあなたのことを完全に認めたというサインです。

食事はビジネスの場であり、関係の深さを知るバロメーターなのです。

鄭 Point

ところで、本文に「朋友《ポンヨウ》」という言葉が出て来ましたね。日本語に直訳すれば、「友達」ですが、日本人が言うところの「友達」と同じではありません。日本人にとっての「友達」とは、主に仕事とは関係のない、プライベートの友人のイメージでしょう。しかし中国の「朋友」は、ビジネス・プライベート、どちらのつながりをも含んだ言葉なのです。

「朋友」は「人的資源」のことであり、友との交流はビジネスにおける資源の交換をも意味します。日本では、仕事

鄧 Point

を通じて特に気が合った人とは最終的に友達になるかもしれませんが、中国ではまず食事を共にするなどして「朋友」になり、そこから仕事が生まれます。

中国には、「在家靠父母《ザイジャーカオフームー》、出門靠朋友《チューメンカオポンヨウ》」という諺があります。「家にいるうちは親が面倒をみてくれるが、一旦外（社会）に出ると、全て朋友が面倒を見てくれる」という意味です。中国では古くから、このように「朋友」の存在を重視してきました。現代においても同様で、朋友を通じて交換される情報と人脈が、中国ビジネスで非常に大きな役割を果たしています。

特に重要なのはリスクを未然に回避し、問題が大きくなるのを防ぐための情報が得られる点でしょう。中国という国においては、日本では思いも寄らないトラブルも起こり得ますから、その深みにはまらないためにも、日ごろから朋友を大切にして頂きたいのです。

「朋友活用」のポイントは、なるべく様々な業界・分野にわたって朋友を持つこと。そして少しでも時間があれば彼らと連絡を取り、会いに行くこと。するとアンテナを張っているかのように、各方面の情報が集まりますから、それを分析し、早めの対策を練ることができます。

「朋友活用」も、中国ビジネスにおける一種のリスクマネジメントだと私は考えています。

助っ人登場でようやく厨房が出来上がる

さて、こうして「場外」で戦っている間にも、無論、『紫ＭＵＲＡＳＡＫＩ』の現場工事は続いていた。急きょ、日本から九名の大工さんが招かれたこともあり、これまで停滞気味だった作業状況はかなり上向いた。

だが厨房ははかばかしくない。電気や水道関係をはじめとする工事全般を仕切る監理会社と、厨房機器の販売会社との連携が取れていなかった。販売会社はシンクや冷蔵庫などの機器をどんどん搬入してくるが、設置工事がまったく進まないのだ。なぜなら、工事監理会社の通訳はほとんど不在。販売会社は日本人だけで、工事下請けの中国人と話せない。料理人はもちろん全員日本人だ。誰一人として中国語で具体的な作業指示が出せないのである。

こうして厨房は調理器具、作業者、調理人、食器で満杯になって、全てが大混乱。しかも鄒さんは包丁を会場に入れるための交渉で、ずっと深澤さんと外を回っている。支配人の私にしても、中国語ができず、手がつけられない状況だった。

しかしここに幸いにも、強力な助っ人が現れた。鄒さんがスタッフ増強のために呼び寄せていた部下、張《ちょう》国華《こっか》さんだ。

私は、張さんが現れたら即座に厨房に呼び入れ、通訳をしてもらおうと思っていた。しかし、すぐにそれを思いとどまることになる。

彼は単なる通訳ではなかった。まずは厨房機器の販売会社の日本人担当者と、工事監理会社の通訳を呼んで事情を聞き、たちまち二社の関係と、それぞれの指令ルートを把握した。次に、『紫 MURASAKI』の料理人の意見を聞きながら機器の設置順序を決め、それらを分かりやすい図面にしたのである。このおかげで作業者は工程を理解でき、無駄な動きが一気に減った。

「それはこっちに持ってきて！　そのパイプはこの穴に通すんです」

張さんの仕切りで、機器の設置と配管工事がすすみ、厨房は見る見るうちに形を現していった。張さんは監理会社からもすっかり信用されて、到着早々だというのに現場の指示は彼が直接することになった。そして、絶対間に合わないと思っていた厨房が、なんと張さんが入ってわずか五日後に出来上がったのである。

そこへきて初めて、私は張さんとゆっくり話ができ、彼のことを知ることになった。張さんはコンサルタントとして外食ビジネスの立ち上げを担当したことがあり、厨房設備や飲食店の内装工事に詳しかったのだ。東京暮らしが一〇年近く、日本語も母国語と同等に操る。

微妙なジョークもカンペキに通じ、《日本人よりも日本人》なところがある。メディア総研ではヨーロッパ復興銀行のＴＡＭ（Turn Around Management）プログラムのスペシャリストとして活躍し、その実績と高いコミュニケーション能力を買われて、鄒さんに指名されたのだ。いつも笑顔でポジティブ、しかも冷静な張さんは、この現場が待望していた人材であった。

四月二七日には、「菊乃井」の大将、村田さんが上海に到着。厨房は間一髪のタイミングで、その到着に間に合ったのである。その後、村田さんの指導の下で、『紫 ＭＵＲＡＳＡＫＩ』で提供する、全一一品の料理が出来上がった。

『紫 ＭＵＲＡＳＡＫＩ』のスタッフ全員が、その試作料理を前に説明を受ける。ことに女将はじめ、サービスに当たる仲居は、それぞれの料理の食材・由来・食べ方などを、お客様に伝える大切な役割を担っているのだ。皆、一言も聞き漏らすまいと耳を澄ましてノートに説明を書き取り、積極的に質問する。

開幕まであと四日。料理人は仕込みに明け暮れ、仲居たちはサービスオペレーションの確認で、本番のイメージをしっかりと焼き付けていった。工事もようやく終りが見え始め、四月三〇日夜の開幕式を迎えるばかりになった……はずであった。

しかし、これでは終わらなかった。四月二九日の朝、当局から突如として通達があった。

「本日、すべてのトラックを入場停止とする」

中国にとって国家の威信をかけた上海万博一八四日間のうち、最も注目を集めるといってもよい開会式。その一大行事をなんとしてでも無事に行うため、集中的に場内のセキュリティチェックをする、そのための措置らしかった。

何かがいきなり中止されたり変更されるのは、これが初めてではない。ここへ入ってからというもの、それはむしろ日常だった。通達があった翌日には締め切られる、といったことも山ほどあったが、この日の通達はことさら痛かった。

なぜなら、二九日は料亭の中庭の池に使う大量の玉砂利をトラックで搬入する予定だったからだ。それができないということは、つまり開幕式までに、料亭『紫 MURASAKI』が仕上がらないということを意味する。この土壇場でそれを許すのか許さないのか、私は自分に問うしかなかった。

皆さんは「通訳」という言葉をどう理解していますか？　ビジネスの場におけるよい通訳とは、ただ言葉を訳すだけではなく、依頼者、つまりあなたの側に立って言葉を選び、相手方と交渉できる人です。さらに現地の事情に通じ、即応できるフットワークと人脈をもっていれば、『パートナー』と呼ぶに相応しい協力者と言えます。

　ビジネスの場では、言葉の差以上に文化の違いを理解した通訳が欠かせません。相手の中国人の話す微妙なニュアンスや言葉の後ろにある本意を聞き取る必要があるからで、そういった意味では、「中国語ができる日本人」よりも、「日本での生活と仕事の経験があ

鄭 Point　その通訳はあなたの味方か

り、日本の習慣を理解している中国人」のほうが有利といえるでしょう。

　通訳に関する留意点を以下にまとめます。

①交渉の場に居る通訳が自分の味方とは限らない。中立か、相手側か、自分側かを見極めることが非常に重要である。自分側の通訳を同行できれば理想的。

②中国に不慣れな場合は特に、滞在中の注意事項など行動全般にわたって助言してくれる通訳を備えておくと安心である。

③通訳には、日本人の発想と、自分の立場や感情も理解し、正確に伝えてくれるセンスのある人を求めること。

開幕前夜の石運び

「どうしよう……。やっぱりあきらめるしかないのかな」

中庭の池の底に敷き詰める玉砂利の搬入ができない。最後の仕上げに施工するからと、搬入を四月二九日にしてあったのが裏目に出た。三〇日に入れたのでは、開幕式には間に合わない。スタッフの間には、残念だが池（中庭）だけは開幕までに仕上がらない、あきらめよう、という空気が流れた。

でもそれでいいのか？　せっかくここまできたんじゃないか！　私は言った。

「石のトラックを、スタッフゲートの前に回してよ」

トラックが会場に入れないなら、そんなものに頼らず、人間の手足で運べばいいのだ。

監理会社の担当者に電話を入れてもらい、自分はスタッフ用ゲートでトラックを待った。到着した車の運転手は、「こんなところでどうするんだろう？」と不思議そうにしている。いきなり荷台から石の袋を下ろし始めた私を見て、びっくりしたようだ。

その日の私は濃いグレーのスーツ姿だった。上着もズボンも、たちまち粉塵で真っ白だ。傍目には滑稽だったのだろう、初めは驚いていた運転手と助手席の男性は、そのうち大声で笑い出した。それは実に、私を指さして「見ろよ、あの間抜けな日本人を」といったノリである。ちょっと悔しいが、無論、取り合っている場合ではない。

するると、私の後ろに付いて来た張さんが、彼らにむかって中国語で猛然とまくし立て始めた。

「君らも同じ人間なら手伝いなよ！　この人は日本から来て、上海万博のために身を粉にしているんだぞ！」

いつもは飄々としている張さんだけに、怒声は凄みがあった。げらげらと笑っていた彼らは、たちまち大人しくなった。そして真顔になったかと思うと、一緒に袋を運び出してくれたのである。私は、石の袋でふさがった両手を合わせたい気持ちだった。

大きな袋を抱え服を真っ白にした我々に、ゲートの警備員は仰天した。

「これは何だ？」

「石、です」

「そんなもの、持ち込みは許可できないよ」

「なぜ？　エックス線を通せばいいんでしょ？」

いつもの調子に戻った張さんが、するりと切り抜けてくれる。

ゲートから『紫 MURASAKI』までの約四〇〇メートルを、何往復したことだろう。

石がいっぱいに詰まった重い袋を運びながら、私は不思議と無心になれた。経験したことはないが、「行《ぎょう》」とはこういうものだろうか。あるいは前だけを見てひた走るマラソンのようでもあった。運び終えて、私と同じようにすっかりホコリまみれになった張さんと堅い握手を交わす。

「やはり、絶対にあきらめてはいけない。やればできるんだ」

万博開幕式の前夜、私はこみ上げてくる何ともいえない達成感を味わっていたのだった。

第V章　料亭『紫MURASAKI』発進す

ついに開幕！

二〇一〇年五月一日。その日はよく晴れた、気持ちのいい朝だった。朝礼は八時。これから一時間後には門が開き、いよいよ上海万博が始まる。スタッフは気合充分で、あらためて発破をかける必要はなかった。私は「ふだん通り、今まで通りにやろう」と言うだけである。ただ、仲居たちの顔はこわばっていた。無理もない。ゼロから出発して、わずか二ヶ月である。着物の着付けや所作はかなりのレベルに達していたが、料亭のサービスとしての実質的技量は、日本のそれと比べて六〇点くらいだろう。

でも彼女たちには、とにかく素晴らしい笑顔がある。その笑顔は技術の不足を補って余りあると、私は思っていた。「みんな今日は一段ときれいですよ。今まで練習した通りでいい。私はここまで来ることができ皆さんを誇りに思います」と朝礼を締めくくる。

「では皆さん、一八四日間、日本の真心のおもてなしをお届けしていきましょう」

その一方で私は、「一八四日間を無事に終えること」を心に誓った。今日から閉幕まで、私の果たすべき役割は、一途にそのための目配りである。これはキッコーマンの茂木会長から深澤さんへ、そして私へと伝えられたスローガンであり、『紫ＭＵＲＡＳＡＫＩ』の皆と共に、きっとそれを達成してみせると静かに決心したのである。

上海万博の会場に足を運んだ観光客は、まずその広さに圧倒されるだろう。会場総面積五・二八平方キロメートル。広大な敷地が、黄浦江《こうほこう》という河の両岸に広がる。観覧エリアの面積は愛知万博の約二倍、そして万博史上最多といわれる出展国・地域・機関の数は二五〇近くに上った。

河の南東側は「浦東区」、北西側は「浦西区」と呼ばれている。料亭『紫ＭＵＲＡＳＡＫＩ』が位置するのは、「浦西区」のＤ区、日本産業館の一階である。日本産業館は、日本の二二社の民間企業と二つの自治体が共同出展しているパヴィリオンだ。二階は見学のための展示スペース、一階は店舗で、『紫ＭＵＲＡＳＡＫＩ』以外にも様々な店が営業を行う。

初日の朝礼が終わった料亭では、お客様を迎える準備に余念がない。揃いの着物をきりっと着付け、真剣な中にも笑顔で立ち働く山口女将・汪《ワン》女将に李主任、そして仲居たちの姿が眩しい。

「いらっしゃいませ。お待ちしておりました」

いよいよ、記念すべき最初のお客様が姿を見せた。

初夏のまぶしい日差しの中、万博には多くの観光客が訪れ、大いに賑わっている。だが、ひとたび『紫 MURASAKI』の扉をくぐると、外の喧騒はさっと消えてしまう。そこは静謐な空気をたたえた「和」の世界。外とは別世界なのだ。

仲居たちは正座で深く礼をしてお客様をお迎えし、すぐに荷物を預かって、支度の整った部屋に案内する。

『紫 MURASAKI』は五つの個室からなり、それぞれの部屋を紫色の花をつける植物にちなんだ名で呼ぶことにした。「きり」・「ふじ」の二部屋は、落ち着いた色調の板の間に椅子・テーブルを備えたつくり。「ききょう」・「すみれ」は畳に掘りごたつ式の、くつろぎの和室。そしていちばん奥の「あやめ」はお茶室風の造りで、小ぶりでしっとりと落ち着いた佇まいの部屋である。

いずれの部屋も中庭に面する部分はガラス張り。中庭は、いちめん玉砂利を敷き詰めた池になっている。池のまん中、ステンレスの枠にワイヤーで吊られた一本の松が宙に浮かび、人工の霧とともに幻想的な情景を織り成す。部屋に案内されるなり、中庭の眺めの珍しさに写真を撮り始めるお客様もいる。

一方、調理場には緊張感がみなぎり、料理人たちの気合いが伝わってくる。初日にあわせて取材にやってきたメディアも多く、料理人はお客様のための料理に加え、取材用の料理の対応にも追われる。

「すみれの間、焼物つづいてください」

女将さんの一声に、「はい！」と調理場全体からいっせいに返事が返ってくる。

六人の料理人たちは、日本の三つの料亭からやってきた若きエースたちだ。

「菊乃井」の林さんは、『紫ＭＵＲＡＳＡＫＩ』の料理長という大役を任された。穏やかな性格で周囲への気遣いにあふれる朗らかな青年だ。料理の勉強に余念がないばかりか、スタッフとのコミュニケーションのために仕事の合間を縫って中国語を勉強するという気の入れようには頭が下がる。

「たん熊北店」の料理長である福士《ふくし》さんは三〇代後半で、六人の料理人たちのなかで私といちばん歳が近い。彼は最も目立つガラス張りの造り場を任され、見事な包丁さばきを披露する。彼の料理は美しく――見た目だけでなく美味しさも含まれた「美しさ」である――そして繊細で、力づよい。彼の人となりもまたその料理に似て、繊細でやさしい。優れた料理人とは、心もまた素晴らしいのだと感じさせてくれる。

「魚三楼」の大林さんは、そばに行くといつも微笑んでくれ、そのやさしさが顔から溢れている。口数は少ないが、内に秘めた料理に対する情熱には、目を見張るものがある。

万博という舞台で日本の食文化を伝えるという使命に恥じぬよう、なんとしても、最高の料理を届けなくてはならないというプレッシャーは、慣れない異国の地で仕事をする彼らの双肩に、さらに重くのしかかっているはずだ。


『紫MURASAKI』のメニューは本格懐石料理のおまかせコース一種類のみであり、万博会期中の季節に合わせて、五月から七月までは【夏の献立】、つづく八月から一〇月には【秋の献立】を提供することになっていた。

先付にはじまり、八寸・向付（お造り）・蓋物・焼物・酢肴《すざかな》・強肴《しいざかな》・御飯・水物、そしてメには抹茶と菓子。それぞれのお客様の召し上がる速度に合わせて料理が出せるよう、部屋担当の仲居がタイミングを見計らって調理場に伝えていくのである。


メニューは「菊乃井」の大将、村田さんを中心とする日本料理アカデミーの考案によるもの。村田さんは素材と技術に非常にこだわりつつも、それらに決して縛られない柔軟な発想をお持ちの方だ。そして彼がプロデュースする料理には、つねに《驚き》が用意されている。つまり、視線がお客様の目線なのだ。

「こちらの鉢をすこし持ち上げて、下のお皿をごらんください」

仲居の説明で皿を見たお客様は、そこに刻まれた「龍」の姿を発見し、思わず顔をほころばせる。中国で貴ばれている龍を器のデザインに取り入れたのも、村田さんのアイディアだ。

また焼物では、直径三〇センチはあろうかというドーム型をした狐色の物体が現れ、見るものを驚かせる。料亭『紫MURASAKI』名物、『亀甲焼《きっこうやき》』だ。ドームの正体は塩釜で、てっぺんにはキッコーマンのシンボル「萬」マークの焼印が押されている。

「亀甲焼は、しょうゆもろみで下味をつけた牛ヒレ肉を昆布に包み、更にこの大きな塩釜で包み込んで焼いております。これから、中の牛肉を食べやすく切ってお持ちいたします」

まずは視覚的に楽しんで頂き、それから、しょうゆもろみのいい香りが立ちのぼる牛肉を召し上がって頂くというしくみである。村田さんの創意がみごとに表れた逸品だ。

彼はこんな風に、献立も器も「中国のお客様は何を喜ぶか」を第一に、総合的にプロデュースしてくれたのである。

開幕後も続いた工事のトラブル

しかし華やかな表向きの一方で、実は、開幕後も工事は続いていた。初日は結局、五つある部屋のうち、四つしか完成していなかったのだ。

続いたのは残工事だけではなかった。開幕後も毎日のように《新規の工事》が発生するのである。くり返し起きる雨漏り、排水管が外れた水漏れ、エアコンや製氷機の故障、トイレの異臭、部屋の戸がゆがんで開かなくなるなど。一日最低一か所、もぐら叩きのごとく故障が起こるのだ。原因はたいがい不明。わかったとしてもあ然とするような原因がほとんどで、例えば、トイレの異臭は排気装置のファンを逆さに取り付けたため、といったふうである。

中でも頭が痛かったのが「エアコン事件」である。五月一日、つまり開幕・開店の初日に起こったので、忘れようにも忘れられないのだ。

『紫ＭＵＲＡＳＡＫＩ』はメディアの注目度も高かったから、初日の取材だけで一一社のメディアが入った。当然、テレビカメラも部屋に入る。しかし、なぜかエアコンが効かない。空気は出るが、その空気が冷たくないのである。まだ五月とは言え、湿気の多い上海では結構な暑さだ。エアコンが効かないとなると、取材スタッフや照明の熱気がこもる部屋はみるみるうちに温度が上昇、ついに三四度になった。お客様も、取材で来た出演者の方も汗を拭きながら、それでも事情をわかってくださったのはありがたいとしか言いようがない。

何とかエアコンを動かさないと、と閉店後にダクトから水を抜いて、設置部分を見てもらった。すると「ああここだね」と、問題部分がわかったと言う。その言葉を信じて翌日、朝六時過ぎに水を再度注入し、エアコンを試運転するが、またもダメ。再調査のために、今度は日本産業館全館のエアコンを止める必要が生じ、深澤さんが産業館の館長と、同じパヴィリオン内の各店舗にお願いに行った。そうしてよくよく調べてみると、なんと、梱包時のものだろうか、当然取り除かれているべきゴムパッキングが入ったままの箇所が見つかった。

ここで一同が敬服したのは、問題が解決されるまでの四八時間、『紫 MURASAKI』を離れなかった深澤さんである。「原因がわからない以上、目を離すわけにはいかない」と、二晩も泊まり込んだのである。それなのに業者に対して声を荒げることもない。

「だって、きつく言ってどうにかなるものではないじゃないですか」

日本では想像できないようなトラブルと、どこまでも対症療法的な中国のやり方に接するのは、深澤さんにとっても『紫 MURASAKI』が初めてだという。だから当然苛立ちはあるだろう。「なぜこんなことが起こるのか？」「日本ではこんなことはない！」と。「だからといってこちらが投げ出してしまったら、何も進まないですよね。自分たちが目指す日本の食文化の最高峰をお客様にお伝えする、そのためには、根気よく解決策を探していくことが大切だと思うんです。このエアコン問題やその他の問題も、すべては『紫　MURASAKI』のクオリティのためにクリアするのだと思えば、何とかなりますよ」

さすがは茂木会長のもとで鍛えられてきた人だ。『紫　MURASAKI』の事業主体であるキッコーマン、その一員としてどうあるべきか、どこまでもブレないのである。

開店準備当時、料亭内の施工が大幅に遅延し、五月一日に開店できるかどうかの瀬戸際に立たされたときもそうだった。深澤さんはデザイナーや施工業者を前に、静かに、しかし力を込めて言ったのだ。「我々の料亭は、ただでさえ『三〇〇〇元なんて高い』といわれてます。その高い金額を払ってわざわざ来ていただくお客様に対して、お迎えする我々がこの中途半端な状態で、それでもやれますか？　私は、いやです」と。

このようにトラブルが毎日続くうち、「何か問題が起こったら、その都度それに関係する箇所も調べよう」と、皆が気をつけるようになったのはよいことだった。しかしトラブルは設備だけではなかった。開幕後、巡回するお役人さんも悩みのタネになっていたのである。

エアコンのエピソードでお分かりのように、中国では設備のトラブルが少なくありません。しかも応急的に処理するだけで、二度と起きないようにきっちりと直すような作業員はまずいません。日本なら大クレームになることまちがいなしですが、中国では「問題が起きたらその都度対処すればよい」と考えるのです。

市中の、構造が不安定で今にも倒れそうに見える高速道路でも、彼らは「壊れたら、またつくればいいのさ」と平然と言ってのけるのです。

万博は半年間の期間限定イベントですが、日本の場合は、たとえ半年であろうと、閉幕後に壊すのがもったいなくなるようなものを造ることでしょう。

しかし中国では、「せいぜい一八四日間もてばいいのだ」と考えるわけです。「日本はきちっと積み上げる。中国はダメでもやってみよう、で、やり直せばいいと。これは両国の発展の仕方に違いがあるから。どっちも正しいよね」

私がそう言うと、柿澤さんはびっくり。

落とし穴！中国の下請け事情

鄒 Point

日本とのもう一つの違いは、作業者自身の能力差です。日本では、大工さんや左官屋さんなど工事の内容ごとに専門の職人さんが作業します。彼らは何年も、場合によっては十年以上の年月を師匠の下で修業して過ごし、初めて一人前の職人として認められます。

しかし、中国では違います。建築業界で言えば、現場で働くのは職人ではなく、一時雇いの出稼ぎ労働者が殆どです。作業者の技術力・責任感・経験など、どれをとっても日本の職人とは比べものになりません。たとえ依頼した先が日本企業でも、現場を担当するのは下請けの中国の会社です。下請けから孫請けへと階層が深くなるにつれて、末端の業者の様子はまったく見えなくなります。

スケジュール管理についても同様です。私が知る限り、中国の建築業者は工期スケジュールを組むことさえしないのが普通です。確かに、中国では申請事項や検査が多く、当初のスケジュール通りに進みにくいのも事実です。ですからスケジュールについては、次の二つをぜひ考慮していただきたいのです。一つは物件を引き渡されてから生じる、不具合の修正にかかる時間を想定すること。もう一つは、そもそも工事期間を長めに見込むこと。例えば建築業者との間で「工期は半年」と合意しても、大幅な遅延もありえるという認識を常に持ち、その後のスケジュール設定に余裕を持っておくのです。

工事が始まったら、工事内容に精通したプロ、たとえば日本人の職人さんにチェックを担当してもらい、作業を細かく確認・指導することができれば理想的です。

それでも、もし工事全体の大幅な遅延や設備トラブルが起こってしまったら、対応を中国人スタッフに任せきりにせず、具体的に細かな作業指示を、書面で出すことが必要かつ有効です。

ある消防署員との攻防

オープン二日目の午前中、私はその日の取材の件で深澤さんやメディア総研のメンバーと打合せを行っていた。すると女将さんが「深澤さん、支配人、また消防検査がきました」と慌てて入ってきた。

万博当局による安全管理の一環であろう、各パヴィリオンや店舗に対する消防署の巡回検査。だが、この消防検査が深澤さんと私を悩ませていた。なぜなら、その担当消防署員はオープン前から「安全上の理由」と称して、毎日のように『紫ＭＵＲＡＳＡＫＩ』を訪れ、重箱の隅をつつくように、ありとあらゆる箇所の検査をするのである。

「あの消防署員の行為はいくらか行き過ぎに感じます。もしかすると嫌がらせかも知れません」

鄒さんが深澤さんと私に対策を相談にやってきた。しかし、深澤さんは反論した。

「毎日来るということは、こちらにまだ足りない部分があるからでしょう。言われたことをその都度、完璧に改善してゆけば、きっと相手もそれ以上のことは言わなくなるはずです」

と、消防署員が毎度指摘する全てのことにきちんと対応していた。

しかし彼の行動は一向に止まず、営業中でも一切お構いなしに入って来ては歩き回り、問題になるとは到底思えない箇所を指摘してくる。もしも、そんな場面をお客様に見られたら、本当に何か安全上の問題があるのではと不安にさせてしまう。何とか止めてもらおうと幾度も説明をしたが、通じない。それどころかついに、「罰金、罰金！」と言い始めたのだ。

私たちは慌てて消防署員を部屋に案内し、話し合おうとしたが、彼は全く聞き入れない。

「罰金だよ、罰金！　お宅には何回も警告したのに、全然改善の様子が見えないじゃないか。罰金、五万元だ！」

何やら規則本めいた白いカバーの本を出して、罰金に関する箇所を指差しながら言う。そして、連れてきた部下に違反切符を切れと命じたのである。深澤さんが再度説明しようと試みたが、彼のほうは完全に無視。さすがの深澤さんも、目の前のこの人をどうしたものかと戸惑っている。

場の空気が凍りついたその時、鄒さんが調整に入った。交渉の末、その場での罰金支払いはとりあえず免れたのだが、さすがにそこに居た全員が、消防署員が帰った後も重い空気の中で黙りこんでいた。すると鄒さんが言う。

「深澤さん、ここまできたら中国式でやりましょう。実は、いろいろ調べたところ、彼は他の店舗には行っていない。日本産業館でこの料亭だけを執拗に目の敵にしているのです。つまり中国式の嫌がらせです。私は中国人として彼を許せない！　万博会場の外の世界では、あのような役人に追い込まれた結果、店を畳んだり、あげくに自殺する人までいます。こうまでひどい人間は見たことがない。ぜひ徹底的に解決しましょう」

私は、もう一度、消防署員本人とのやり取りでこの問題を解決したい、と鄒さんに話したが、彼は珍しく私の願いを拒否した。

「柿澤さん、中国にはいろいろな人がいます。Fさんのように優しくて『紫ＭＵＲＡＳＡＫＩ』を手伝ってくれる人もいれば、あの消防署員のような人もいます。今回私たちが譲ったとしても、彼は同じような行為をずっと止めないでしょう。それは社会にとって害ですし、私は個人的にも彼のような人間を許せない。断固とした対処が必要です」

そう言うと鄒さんは、問題解決のため各所を忙しく回り始めた。結果、私が中国にいる間、二度とその消防署員の訪問を受けることはなかったのである。

食品衛生管理局との仁義ある戦い

さて料亭の消防検査では、担当の消防署員に頭の痛い思いをさせられたが、万博という国家の威信をかけたイベントの最重要課題が「安全」であることを示すかのように、万博当局からやってくる、いわゆる「巡回検査」は消防署員だけにとどまらなかった。その一つが厨房の衛生検査である。

「食品衛生管理局の見回りが来ますよ！」

という声を聞くたびに、『紫ＭＵＲＡＳＡＫＩ』のスタッフに緊張が走るのだ。

「張さん、通訳頼む！」

ほどなく、ものものしい制服姿の食品衛生管理局の検査官が数名、列を成して巡回してくる。この衛生検査においても、開幕前に散々戦ってきた万博ルールと、そのルールに当てはまらない『紫ＭＵＲＡＳＡＫＩ』の仕事のせめぎあいとなり、なかなか対処が難しいのである。

万博ルールの規定にはまず「調理から二時間経過したものは廃棄せよ」とある。「調理してから二時間以内に、その食品はお客様に提供するか、しなかった場合は廃棄すること」というわけだ。調理後二時間以上経過したものは、厨房の中にあってはいけないということになる。

しかし、日本料理には「仕込み」という作業がある。例えば『紫 MURASAKI』の場合、お造りに関して言えば【早朝、生きた魚を仕入れる（配送されてくる）→朝一の仕込みでそれをさばいて下準備（仕込み）→冷蔵庫に保存→お客様の召し上がる直前に、切って盛り付け→すぐお客様にご提供】という流れになる。

日本料理では当然と思えるこの一連の流れ。そもそも中国料理の考えに沿って策定された万博の「食品衛生管理」の基準ではカバーされないのだ。ルールは「右向け右」なのに、左に行かなくてはならないわけである。

張さんが食品衛生管理局の窓口に出向いて説明したが、一発目は即、ダメ出しをされた。「柿澤さん。例によってダメ出しされましたよ。『朝、魚をさばいて調理したのに、それを何時間も保存してからお客様に出すことはまかりならん』と。でももう一度、行ってきますから」

張さんは、『紫 MURASAKI』の料理人たち全員が、日本の一流料亭における長年の経験を持っており、非常に厳しい日本の衛生管理の基本を身に着けていることを強調したそうだ。その上で、日本料理の世界では、魚をさばくのはあくまでも「仕込み」であり、それをお客様が召し上がる直前に、「切って盛り付ける」段階こそが、「調理」である。つまり、「調理」してから即座にお客様に提供しているので、「万博の食品衛生の規則と何ら矛盾しない」と説明したという。この論理に検査官も納得し、「そういうことであれば、冷蔵庫に保存する食品には、何月何日の何時に仕込んだものか、日付を書いたメモを貼り付けるようにしてください。そうすれば我々は管理しやすいし、あなた方にとっても便利でしょう」とアドバイスまでしてくれたのだった。

検査時間も問題になった。日本では、飲食店に対する巡回検査をお客様のいる営業時間内に行うなど、そもそも考えられないことだが、そこはやはり日中の文化の違いだろう。万博ルールでは巡回は営業時間内に行うことになっている。でもこちらとしては、それがありがたくない。たとえ厨房だけの検査といえど、『紫 MURASAKI』の構造上、お客様の目に入ってしまうからだ。

『紫 MURASAKI』では、厨房の一部である造り場をガラス張りにして、お造りの盛り付けなど、華となる仕事は廊下から見える構造にしていたのだ。もしそこに検査官がいたら、お客様の行き来する廊下から丸見え。それではすこぶる感じが悪いではないか。ただの定期巡回なのに、事情を知らない人には、なにか問題が起きていると思われるかもしれないのだ。

営業時間中に厨房に入っていこうとする検査官たちに、「私が話します」と張さん。担当者に向き直ると、中国語で話し始める。もちろん、私にはその内容はさっぱりわからない。相手が首を横に振ったり、不機嫌そうな表情を見せるたびに内心ハラハラする。が、張さんが根気良く話すうち、相手が頷く回数が増えてきた。果たして……。


「話がつきました。一日帰って、お客さんの居ない時間に来てくれるそうです」

「本当に？　張さん、いったいなんて言って説得したの？」

「まあ、最初は『ダメだ』って言われたんですけれど、そこであきらめていたら、とくに中国の役所相手の場合、こちらの希望なんて何一つ通らないですからね！」

「それで？」

「あの人の態度から、単に威張り散らすだけの役人じゃなくて、仕事熱心な、真面目な人だと分かったんです。最初、帰ろうとしなかったのは、その真面目さゆえですよ。だからこちらも真剣に、私たちの希望が、彼の仕事となんら矛盾しないことを示して、むしろ彼らのお役にたちたい……という姿勢で話したんです」

かくして、これからはお客様の居ない合間の時間帯に検査をしてもらうことで合意。そして検査そのものにはきちんと協力していたら、そのうちにだんだん、「今から行ってもいいか?」と、あらかじめ電話をくれるまでになった。

検査官にとっても、こちらが問題なく営業していればハッピーなのである。もちろん検査があろうとなかろうと清潔であることに変わりはないのだが、たとえば検査に検査官の上司が同行してくるときなど、シンクをいつもにましてピッカピカに磨いたりもした。「うむ、この店はなかなかよくやっているな」となれば検査官の功績になり、お互いに気持ちがいいのだから。

検査官のアドバイスがとても役にたったこともあった。

「魚は毎回サンプルをつくって、四八時間は保存しておくといいよ」

万が一、食中毒を訴えられたとき、サンプルがあればすぐに判定できると。幸いそういうトラブルは起こらなかったが、その助言に従ったお陰で、いつも安心していられたのだった。

食品衛生管理局との一連のやり取りは、張さんの機転とポジティブ思考をみごとに象徴している。これは相手、つまり役人の仕事・立場を尊重し、スムーズに進むように協力することが、自分のためにもなるという一つの例と言えるだろう。

中国には「上方政策下方対策」という言い回しがあります。

これはいくつかの意味に解釈することができます。一つは中国の政策施行について言うもの。先述したように中国のルールは、大半が大まかな方向性を示すだけのもの。政策（上方）が実施される際にはさまざまな特例が出てきます。ですからその都度、現場の下官（下方）が判断し、対応しなければいけない、という意味です。

この場合の下官とは、役職で一番下の人というより、中間管理職です。窓口に座っている人ではなくて、そこで何かがあったときに奥から出てくる人をイメージしてください。中国ではそうした下官と仲よくならなければ上官

鄒 Point 役人とは「上方政策下方対策」で付き合おう

と会えない、だからデキる下官を見きわめなさい、というわけです。デキる下官をたどってゆけば、最終的に会うべきキーパーソンにたどりつく、と。

下官とのつき合いで大切なのは、彼らに渡す書類を、上官に通しやすい内容と書き方に仕上げることです。『紫 MURASAKI』ではさまざまな「特例申請」の書類を作ったわけですが、なにしろ特例だけに、自分たちが最初で最後。書類作成マニュアルはもちろん、書式もありません。申請するのにいったい何を書けばよいのか、自分たちで考えなくてはなりません。やっと書き上げて提出に行っても「これではダメですね」の一言と共に書類を突き返されますが、もちろん、そこでめげては

いけません。中国の役所を相手にするときは、とにかくねばりが大切です。「では、どうすればいいですか？」と食い下がるのです。

極端な話、白紙を持って行ってもよいのです。そして何をどのように書くべきか、どうすれば彼ら自身が上官に説明しやすくなるか、相手に聞きながらその場でまとめるのがコツ。担当してくれている下官が上司の前で面子《メンツ》を保てるようにするとか、彼が上官に説明しやすい書類をつくるというのは、どちらも担当者の面子を立てることです。

担当者の面子は潰さないだけでなく、むしろ積極的に立てることが肝心であり、そうすればよく面倒を見てもらえるなど、こちらにとってもよい結果につながります。私はよくそうやって書類を提出しては、担当者と仲よくなっていたものです。

鄒 Point

「上方政策下方対策」のもう一つの意味は「上からムリな命令がきても下がなんとかするのが中国だ」というもの。また、よい話ではありませんが「上の命令を下がうまくごまかす」という意味も含みます。いずれにせよ「上方政策下方対策」という言葉は、中国でビジネスをやる上で覚えておいて損はありません。

日本はどうですか？　中国と違って日本は「上」が考えてくれるのはいいけれど、時間がかかり過ぎて、まとまる頃には時機を逃してしまうのではありませんか？

朝五時の荷受は当番制で

消防署員や食品衛生検査官との攻防のほかにも、悩みのタネは尽きなかった。

五月の上海では日増しに気温が上昇。それは、お目当てのパヴィリオンに列をつくる来場者にとって辛いものだったろうが、同時に私たち『紫ＭＵＲＡＳＡＫＩ』にとっても、しだいに問題になりつつあった。気温が上がれば、当然、生鮮食材の鮮度管理もいっそう難しくなってくるからである。

「こう暑いと、食材が到着してから、朝の仕込開始までに保冷用の氷が融けてしまう」

料理人たちの意見が発端となり、荷受時間と方法の改善が課題として持ち上がったのである。

『紫ＭＵＲＡＳＡＫＩ』の食材運搬には、万博会場内の他の店舗とちがい、特例として直送保冷車を使うことが認められた――その快挙は第Ⅳ章ですでに述べた。規定では、搬入用トラックが会場内に入れるのは、開園時間を避けた真夜中の〇時から早朝六時まで。

たとえ直行の保冷車で運搬されるといっても、もし食材が、夜中の早い時間に無人の料亭に届き、翌朝まで数時間厨房に放置されたりすると、保冷用に同梱されて来た氷もすべて融けてしまう。これでは意味がないのだ。五月の今からこの暑さでは、やがてやってくる高温多湿の梅雨、そして真夏は考えるのも恐ろしい。早急に搬入時間の調整と、荷受体制を整備することになった。

「早朝五時。これがベストの時間だな。それ以前でも、以降でもダメだ」

そう私たちは判断した。なるべく新鮮な状態、魚や海老などは基本的に生きたままの状態で仕入先を出発してもらって、料亭には午前五時に到着。そうすれば、万が一、食材に何か問題が発生した場合にも、トラックが会場内を行き来できるリミットの六時まで、まだ一時間あるので、対処が可能だ。さらに、五時であれば、食材の仕込みが始まる朝七時半までは約二時間半。荷受した時点で料亭側の人間が保冷用の氷を補充したり、適切な場所に保管すれば、十分鮮度を保つことができる。

何とか関係各社にお願いして、毎朝五時の搬入に固定するよう、協力してもらえることになった。

「じゃあ、だれが、朝五時に運転手から食材を受け取る?」

「荷受は全員体制。日替わり当番制にしよう。当番は料亭に泊まり込みだ」

休みなしの営業を半年間続けなくてはならない『紫 MURASAKI』で早朝の荷受を

続けるには、全員で負担を分け合うしかない。総支配人の私はもちろん、キッコーマンのメンバー、そして料理人、鄒さん、張さんの計一〇人でローテーションを組むことになった。

「でも保冷車の運転手は中国人でしょ？　中国語ができないメンバーは運転手と話せないよ、どうする、鄒さん？」

「『荷受専用携帯電話』をつくって、当番の人には必ず身につけてもらいます。トラックの運転手は、到着直前にその番号に電話をかける。当番の人は、電話に出なくても良いのです。着信音が鳴ったら荷物が来た証拠だから、料亭の通用口を開けて、運転手から荷物を受け取ればいい。こうすれば会話をしなくても大丈夫でしょう？」

「なるほど。でもトラブルの時は？　やっぱり話ができないと対処できないよ？」

「それは、私たちにお任せください」と鄒さんが言う。

「私と張は二四時間、緊急連絡用の携帯を身につけてますからね。運転手でも当番でも、何かあれば電話一本！　私たちが一〇分で飛んできますよ。心配しないでください」と、鄒さんは言ったのだった。

この早朝荷受当番、私も入って、さっそく運用が始まった。ただ、早朝に鄒さん、張さんの緊急連絡用携帯が鳴り響くことも、少なくなかったようである。

中国でのプロジェクト、特に長期のイベントや展示会に出展する場合、私は、①宿泊場所の選定　②緊急連絡用電話の設置　③連絡網の整備　の三点をリスク管理の基本と考え、重視しています。

①の宿泊場所に関して言うと、「一〇分で飛んできますよ!」と柿澤さんに言えたのは、それが可能な環境を整えていたからです。開幕前に会場の目と鼻の先のマンションに部屋を確保し、私と張は、そこに滞在することに決めました。もちろんホテルを利用するほうが楽ですが、日本産業館から最も近いホテルでも、私たちのリスク管理の観点からは、遠いと判断せざるを得ませんでした。一刻を争うトラブルが起きた場合、間に合わないこともあるだろうと

鄒 Point

リスク管理・三つの基本

考えたのです。

また、料亭の備品などを一次的に保管するにもその部屋は便利でした。さらにはそこに住むことによって、私が会期中の業務に使用していた車「紫号」のために、万博会場周辺の規制区域にも入れる通行証を取得することができたというボーナスも付きました。まさに一石三鳥です。

しかしいくら近くに居ても、連絡がつかなくては意味がないため、②が重要です。荷受のこともそうですが、深夜の急病が発生した場合など、柿澤さんのように中国語ができない方々には、何かと我々のサポートが必要です。私は、自分が通常使用する携帯電話以外に、二四時間対応するための緊急連絡用携帯を

つくり、常に身につけていました。夜中にその電話が鳴り響いたことも一度や二度ではありません。つまり、少しは役に立ったということですね。ただ、万博が終わったあとでも、その着信音を聞くと神経質に飛び上がってしまう癖が、なかなか治りません。というのも、万博が終わった今も、何か困ったときにはいつでもご連絡いただけるよう、その電話番号をキープしているからなのです。

③の「連絡網」。これは日本ではお馴染みのシステムですね。日本人はチームでプロジェクトに当たるときや現場入りするときに、この「連絡網」を作りますが、中国人にはこの習慣があまり定着していません。ですから、中国

鄒 Point

人リーダーにも「連絡経路を管理しなさい」と言うだけでなく、連絡網の作り方など、具体的に指導することが必要です。また末端のスタッフにも、連絡網の意味や使い方、重要性を丁寧に説明して理解させてください。

こうすることで、指揮系統が分かり易くなりますし、情報を集約することもでき、指示も出しやすくなります。

ただし、連絡網は作るだけでは不十分です。必ず何回かは、トラブルを想定し、実際に連絡網を使って情報を管理者に伝える経路、指令を出す経路などを確認してください。連絡網に慣れていない中国人スタッフがいても、これで理解が深まり、問題が発生したときに威力を発揮することができるのです。

過労でダウン！

オープンから一ヶ月が過ぎたころ、『紫 ＭＵＲＡＳＡＫＩ』では、取材はもちろん、たとえば日本産業館を訪れたＶＩＰの方々が、せっかくだからと見学に訪れるなど、昼と夜の営業時間以外にも、ひっきりなしに訪問客がくるようになっていた。そういったことが、上海万博において一種特別な存在になりつつある料亭『紫 ＭＵＲＡＳＡＫＩ』の役割を、私やスタッフたちに実感させてくれるのだった。

しかし、そうした毎日のなか、オープン前から知らず知らずのうちにたまっていた疲れが突然襲ってきたのか、遂に私はダウンしてしまったのである。

その朝、私は全身のだるさを押して何とか料亭に到着。椅子に座るが、熱が上がってきた。仕事どころではない。みるみる顔色が悪くなる私を見ていた鄒さんが言った。

「これ以上我慢はいけません。今すぐ、病院に行きましょう！　私が先に行って『紫号』をゲートに回しますから、柿澤さんは準備ができたらゲートに来てください」

紫号とは、鄒さんが上海で使っていた、『紫 ＭＵＲＡＳＡＫＩ』専用セダンの愛称だ。

万博会場周辺は交通規制があり、一般の車は会場ゲートに近寄れない。観光客の足である「万博タクシー」の乗り場はゲートの先にあるが、一日数十万人の観光客が来ているのだから、列に並ばなければ乗ることはできない。熱が上がって足元もおぼつかない私には、そんな気力は消え失せていた。

そこで紫号の登場である——鄒さんの手はずで、会場付近の交通規制区域に乗り入れができる「通行証」を取得していた紫号は、一般の車が入ることのできないゲートのすぐ近くまで進入できるのだった。

その紫号に乗り込んで、ほっとしたのもつかの間、不安がよぎる。

「鄒さん、どこの病院に行くの？……頼むから変なところへ連れて行かないでくれよ」

おそるおそる、半分冗談、半分本気で運転席の鄒さんに行き先を聞いてみた。日本の知り合いに「中国の病院事情はとにかく大変だよ、くれぐれも気をつけたほうがいいよ」と注意されていたのだ。もともと、日本に居ても病院嫌いの私。この上海で、一体どんな病院に連れて行かれるのか……。

「心配しないでください。ちゃんとリサーチしておいた病院ですよ。皆さんの住む場所からも、万博会場からも近いし、すぐ着きます。これもリスクマネジメントの一つですからね」

鄒さんは笑いながら言った。

一五分ほど走ったろうか。鄒さんが指差して言う。

「柿澤さん、あれが、これから行く病院ですよ」

「ええ？　鄒さん、なに、あれ!?」

そこには「浦南医院」の看板。白い四階建ての、これといって何の変哲もない建物だ。だが、私が驚いたのは建物にではなく、その前に長蛇の列を成して診察待ちの人々が並んでいたからである。

「嫌だよ、これからあの列に並ぶなんて……。そんなことするくらいなら、もういい。風邪だと思うから、そのあたりの薬局で薬を買って帰ろうよ」

患者の行列を見て、ますます熱が上がった気がする。鄒さんは笑って言う。

「あの病院なんですけどね、でも柿澤さんはあそこに並ぶ必要はありませんよ。柿澤さんが行くのは、あっち」

と、別棟の立派なビルを指差すのだった。なぜかそのビルにも「浦南医院」の文字。鄒さんは私を連れてビルに入る。

「さっき見た四階建ては、古い建物で、一般患者はあちらに行きます。でも、柿澤さんはこっちのビルですよ。こちらは新しくて、日本人専用の窓口があるからね！」

エレベータに乗ろうとすると、

「それに乗っちゃダメ、こっち、こっち」

別のエレベータを指差す鄒さん。そこには「一七階　国際診療専用エレベータ」と中国語と日本語両方で書いてある。そしてそこから降りてきた制服姿の女性がにこやかに「日本人？　Ｊａｐａｎｅｓｅ？」と日本語・英語で問いかけてきた。中国病院初体験の私には、何もかもが新鮮だ。

「このエレベータは一七階直通で、他の階には止まらないんですよ。一七階には柿澤さんのような日本人、あるいは外国人向けの専門診療チームがいます。ここは主に日本人の診察が中心ですから、医者は日本語ができるか、または日本人ですよ。予約もしてあります。ここなら安心できるでしょ？」

「日本人専用エレベータ」はグングン上がってゆく。一七階にたどり着くと、受付の女性が礼儀正しく立ち上がり、微笑んで
「鄒様でしょうか？　お待ちしておりました」

と言った。ここは日本かと思うほどの対応だった。

診察の結果、過労と風邪が重なっているということで、私は点滴を打って安静にすることになった。


「柿澤さん、さっき古いほうの建物で見ましたよね、あの長い列。あれが今の中国の病院の実情ですよ」

と、病院を出てから鄒さんが言った。

「北京の有名な病院で徹夜で順番待ちをする光景が、日本のテレビで紹介されたこともあります。日本人はそれを可哀想だ、と思うかもしれない。でも私から見れば、それよりも可哀想な人が大勢います。お金がなくて、そこで並ぶことすらできない人たちですよ」

「そうなんだね。それに比べれば私は幸せだな」

と返すと、鄒さんがにやっと笑って、

「でもね、それはさておき……実は、あのような立派な病院を、外国人専用として指定する目的の一つはね、外国人の『監視』なんですよ」

と言った。私の顔が引きつる……。『監視』って、いったい、どういうこと？

中国の病院事情

中国へ進出する日本企業が増えるとともに、中国を訪れる日本人の数も増加しています。その数は、万博の前年の二〇〇九年には三三〇万人に達しました。こうした中、病気やケガへの対応も大きな課題になっています。土地勘のない人や言葉ができない人には難題でしょう。

受診のときにまず注意するべきことは病院の選び方です。中国では「町で一番大きな病院」が必ずしもよい病院とは限りません。海外旅行保険に加入すれば、保険会社から保険が適用される病院のリストなど、情報が提供されますので、それも参考にしてください。

とくに日本人にお勧めの病院として、上海では「浦南医院」、北京では「二十一世紀医院」などが挙げられます。これらの病院ではいわゆる「日本式」の応対や「日本の設備、薬品」による治療が可能で、海外旅行保険以外に、日本の国民健康保険も使えます。

「浦南医院」の日本人専用窓口は、検査も待ち時間無しで受けられるので現地駐在員に好評。もしものときのために、ビジネスでも、旅行であっても、滞在先の都市でこのような病院をチェックしておきましょう。

たとえば万博などの国家イベントの場合、こういった病院は、中国政府から外国人専用の病院として指定を受けます。外国人に適正な医療を提供して、国家としての面子《メンツ》を保つことが目的ですが、もう一つの目的は、診察を通して万博関係者を「監視」することです。

仮に、あるパヴィリオンの関係者に伝染病の症状が見られた場合、病院はただちに政府の当該部署に報告。政府は、伝染病の「疑い」だけで、患者本人のみならず、同じパヴィリオンの関係者全員を、有無を言わせずあっという間に隔離してしまうかもしれません。乱暴に聞こえるかもしれませんが、それが中国式のやりかたなのです。

それはさておき、こうした外国人にとって受診しやすい設備の整った病院があるのは、中国でも北京や上海のような大都市に限られ、地方都市ではそのような病院を見つけるのが難しいこともあります。万一、一般の病院に行く際には次の点に気を付けてください。

鄒 Point

①現金を多めに持参（保険やキャッシュレス、カード払いなどに対応しない可能性があります）。
②言うまでもありませんが、必ず通訳、あるいは付添いの人間を一人連れて行くこと。中国の場合、病院はほとんど前金制で「お金を払ったら診てあげる」という流れになっており、薬についても同様です。しかも非常に込み合うため、付添いの人が支払いに行く間に、本人が診察の番を待つのがいいでしょう。
③可能なら、自家用車で行くのがベターです。長時間待たされても、車があれば中で一休みできますし、万一他の病院へ移動しなければならない際にも便利です。

第Ⅵ章　「上海No.1レストラン」への道

熱烈リピーターが続出

「本日の『あやめ』のお客様は、二度目のご来店です」

女将からのうれしい報告を受ける。朝の日課、一日の予約状況の確認だ。

裏ではさまざまな苦労があったが、料亭としての『紫 MURASAKI』の滑り出しは順調だった。記者発表の直後から「万博会場内でもっとも高級」「本格的な日本のサービス」というように、『紫 MURASAKI』は万博の目玉の一つとの前評判が立った。それに加えてオープン後、実際に旬の素材を使った色とりどりの美しい料理や、女将、仲居たちの心のこもったおもてなしの詳細が伝わると、たちまち二ヶ月先まで予約で埋まり、中国の新聞各紙には「料亭紫 予約爆満（予約で一杯）」の文字が躍った。

そのようにメディアに取り上げられるのはありがたいが、何より気になるのは実際に来店されたお客様の声である。

「八寸がとても美しいわ！　これぞ日本料理っていう感じ」

「お造りは食べながら幸せを感じる。焼物のたれもいい。しょうゆの香りが食欲をそそるよ」

料理だけでなく、サービスに対する感想も多い。

「まず、お出迎えに感激したわ。お料理を出すタイミングもぴったりだった。食べ終わる時がどうしてわかったのかしら」

「部屋が清々しくて気持ちいい。庭の松にも癒されるね」

ご来店の目的が誕生日のお祝いだとわかり、サプライズでケーキや蝋燭を用意し、スタッフがお祝いの歌を歌ったこともある。なかでも八三歳の男性は「このような誕生日は人生で初めてだ」と感激してくださった。

こうしたお誉めの言葉はもちろんありがたいが、ネガティブな要素はさらに聞き逃さないようにと、スタッフには徹底してもらった。

「量が多すぎる」

「お酒の種類が少ないね。もっといろいろ揃えてほしい」

苦情というよりも、助言やご意見が多かったのはありがたいことである。何しろ《国民総グルメ》の国だ。食材や調理方法に対する知識と関心が非常に高い。「中国ではこの食材をこういう風に使うのよ」と、お客様が話して下さることも多かった。このことは『紫 MURASAKI』のスタッフも同様で、仲居の女の子たちも医食同源の考え方をしっかりと持ち、漢方の知識が豊富なことに驚かされたものである。

当初、中国と日本のお客様の比率は半々だろうと考えていたが、実際は中国人のお客様のほうがはるかに多かった（最終的には約八〜九割を占めた）。大皿に盛り付けた料理をみんなで分け合う中国料理の習慣から、日本料理に「一人前ずつ、しかも小さな皿に分けられていて、おなかがいっぱいにならない」という先入観を持っているひとも少なくない。そのためだろうか、ごく最初はネット上で「ムラサキは料理の量が少ないから、フライドチキンを食べてからいこう」などと言われていたが、すぐに「いや、大満足だ。チキンの心配はないよ！」「この料理としつらい、サービスなら、五〇〇〇元でも安い」といった書き込みが出始めた。そして六月からは早くもリピーターが現れたのである。

先にも述べたが、オープン前に用意していたメニューは、お任せコースの一種類のみ（【夏の献立】【秋の献立】と季節に合わせて変わる）。しかしリピートのお客様には、できれば毎回、すこしでも新鮮さを感じていただきたいと、料理人たちは前回の来店時と違う料理を提供するためにいろいろと工夫していた。食材が自由に手に入るなら変更もたやすいのだが、そうではない中、かなり頭を捻ったと思う。リピートのお客様は「わざわざ考えてくれてありがとう」と喜び、またご来店になる。もっとも多くリピートしてくださったお客様は、なんと七回。そうした流れを受けて、もともとは夏と秋の二種類の献立だけだったのだが、さらに盛夏に【納涼献立】、会期末頃に【晩秋献立】も登場させることになったのだった。

これを支えてくれたのは、やはり直送保冷トラック便だ。これがなかったら、いったいどうなっていただろう。聞くところによると「当局はなぜムラサキにだけ特例を認めたのか」と抗議するパヴィリオンがあったとか。しかし彼らは、交渉するより先にケンカをしてしまったらしい。そうではなくて、妥協点を見つけるよう工夫するべきだっただろうに。

ただ直送トラックでも、ゲートでさまざまな制限を受けることには変わりがない。食材は二四時間前にセキュリティに申請しなければならない。そしてゲートに到着した時、積荷と申請内容とが少しでも食い違うと中に入れてもらえないのだ。

申請のタイムリミットの関係で、食材は四八時間前に食品業者にオーダーしなければならなかった。この四八時間というのは、魚が生きたまま手に入るかどうかのギリギリの線なのだ。料理人たちはこの条件によくぞ対応してくれたと思う。

最初の一か月は私がオーダーを入れていたが、それ以降は料理人が担当するようになった。

すると、だんだん注文が厳しくなっていくのである。例えば先付の器として用いた蓮の葉。青々とした蓮の葉に露をころがし、長芋羹《ながいもかん》などの前菜を美しく盛り込む趣向なのだが、当初、枯れたような葉しか入ってこなかった。それを受け取った料理人は電話口で「これじゃあケツも拭けねえ！」などと、仕入先と真剣なやり取りを始めるのである。私はつい、相手の状況を想像して早々に折れてしまうのだが、材料と真っ向勝負をする料理人たちは容赦しない。何度もケンカをしていたが、それがよかったのだろう。だんだん吟味された材料が入るようになった。

食材を提供してくれた小玉社長の会社にとっても、『紫 ＭＵＲＡＳＡＫＩ』はチャレンジだったと思う。それまでは、ここまで要求するお客がいなかったのだから。無理を聞いてくれた小玉社長は「この経験で、あらゆる取引に自信が持てた」と言って下さったのである。

約三〇〇〇人のご来店者のうち、中国人はゆうに二〇〇〇人を超えていました。柿澤さんのように半年でこれだけ多くの中国の「富裕層」といわれる人々に接触した日本人も珍しいでしょう。

「接待」での利用が大部分を占めるとの予想に反し、子供連れのご家族や若いカップルも多く、意外な結果になりました。

中国の富裕層と聞いて、皆さんはどのような人々を思い浮かべるでしょうか?お客様の詳しい情報をここで書くことはできませんが、ほんの少しだけご紹介致しましょう。

鄒Point 中国富裕層あれこれ

①献立が変わる度に来店したケーキ店オーナー

『紫 MURASAKI』ではキッコーマンのマンズワインも提供しており、中国人で最初にワインを注文したのが、上海で高級ケーキ店を経営する女性実業家でした。そして「今日一番の収穫は、懐石料理が意外にワインとも合うことでした。やはり同じ日本のもの同士だからでしょうか」と再度の来店を約束して帰られたのです。その後、彼女は献立が変わるたびに来店し、あるときこう言いました。

「世間では三〇〇〇元は高いと言われていますが、むしろ安いと感じます。非常に質の高い料理とサービスを提供し、設備投資も相当なもの。キッコーマンさんがこの料亭でお金儲けをなさるつもりが無いことと、『食文化の国際交流』というコンセプトが納得でき、感動しました。『良質なもの』に対する理解が、中国の消費者にはまだ不足しています。素晴らしい商品を提供し、消費者を育てなくてはなりません。私の店も同じで、あえて高品質とそれに見合った価格を貫いています。『良質なもの』の本当の価値を消費者に理解してほしいのです」

この彼女の言葉を聞いた深澤さんと柿澤さんは、その志に感動し、深く共感していました。

②事前支払いが珍しくない

予約日の前日などに前もって支払いをするため、何十万円分もの代金を分厚い札束で用意し、来店する方が多くいました。中国ではこのように大金を現金で支払う人も多いのです。ではなぜ事前に来店するのでしょうか？

中国では一般的に、食事会の会計を割り勘にするという考え方がありません。若い世代や学生は、割り勘を「AA制《エーエージー》」と呼んで取り入れていますが、それ以外は、誰か（ホストが決まっているときはその人）が一人で支払い、それでホストとしての面子《メンツ》が立つのです。

中国の飲食店で、食事の後に「私が払うから」「いや、私に払わせてくれ」と言い合っている光景がよく見られます。この双方払いたがって退かない状況を避けるため、ホストが事前に支払いを済ませておくケースがあるのです。また接待の席で、接待する側が事前に会計を済ませておくことで、相手に「ごちそうになる」ことを拒否できないようにするケースもあります。

食事会をスマートに運ぶために手間を厭わないまめやかさと現金主義は、中国富裕層の一面を表しているでしょう。

③質素な服装でもかまわない

年配のお客様には服装にこだわらない方が目立ちました。四万五〇〇〇円の料理を食べに来ているのに、くたびれたシャツにサンダル姿も珍しくありません。

鄒 Point

中国には昔から「財不外露《ツァイプワイルー》」という言葉があります。「お金を持っていても、それを外には見せない」という意味で、金品狙いの悪人に狙われるのを防ぐための教えと、外見を飾って見栄を張ることに対する戒めが込められています。

『紫 MURASAKI』では高いお酒のほうが人気で、「この味とサービスなら三〇〇〇元は安い」という感想も、たびたび耳にしました。そうした方々は高級食材にも詳しく、柿澤さんを驚かせたほどです。つまり彼らは値段に見合う価値を感じれば、大金も平気で支払いますし、その経済力もありますが、身につけるものは質素。高級料理を食べるにも、家族となら着古した服で十分、と考えるのです。

『紫 MURASAKI』はなぜ、こういった人々を惹きつけたのでしょうか。「本場の日本料理と食文化」以外に、中国人に響いたキーワード、それは
A.期間限定（万博会期のみ）
B.ミシュラン六つ星（中国では前代未聞）
C.神秘的な雰囲気（メニュー詳細は未公開）
などです。こうした理由から『紫 MURASAKI』で食事をすることがステイタスとなり、一層彼らの関心を集めたのです。

さて、「富裕層」という言葉のイメージとは裏腹な、身なりが質素で堅実な人々が存在する一方、とにかくブランド

志向の強い人々も増えています。多少高くてもブランド品を買う若者も多く、『紫 MURASAKI』のスタッフも給料の半分以上を使ってバッグを買い、「高いけれど、デザインも質もいいから長く使えるし、友達にも自慢できて、損はないですね!」と言うのです。東京・銀座などの高級ブランド店も、いまや中国人観光客が売り上げに大きく貢献していると言われます。実は中国のデパートでは同等のものが日本より三割ほど高い場合もあり「日本のほうが安く、しかも贋物がない」というわけです。

そうした人々が、単なるブランド志向に走るのではなく、本物の価値を理解すれば、市場はより成熟するでしょう。

着付けとお化粧は心の鏡

「それでは朝礼を始めます。おはようございます」

「おはようございます!!」

料亭『紫 MURASAKI』で、今日も朝礼が始まった。支配人の私、そして女将、主任をはじめ、出勤の仲居さんたち全員が玄関ホールに集合している。

「笑顔と身だしなみのチェックお願いします」

女将さんの言葉で、仲居たちは二人一組で向かい合い、お化粧・髪型・着物の着付けを互いに確認する。その姿に、成長したなあ、としみじみ思う。


振り返ってみれば、上海大学での研修初日、女将さん、主任が指導し、一時間半もかかってやっと着付けができた。だが衿元はゆるみ、裾のラインは左右不均衡。どうにもサマにならないのである。一方、初めて着た和服に、彼女たちは少々興奮気味。さざめいて互いの姿を見せ合っていた。ただ、帯を締めすぎて息苦しく感じたり、胃に違和感を感じたりと、着心地は今ひとつのよう。私はただただ「よく着れたね、似合ってるよ」と褒めてあげたものだ。何しろ、生まれて初めての記念すべき和服姿なのだから。最初は多少不恰好でも、これから毎日練習すればいいのだと。

そして、研修数日で着付けがなんとかサマになってくると、次のハードルが見えてきた。私にはゼッタイに指導できない技術——つまり「お化粧」だ。

研修初日に集まった女の子たちの外見はというと、正直、「料亭の仲居」のイメージとは程遠いものだった。よく言えば「純朴」。完全なすっぴんの子もいれば、髪の毛がボサボサの子、口元にうぶ毛をたっぷりたくわえている子もいた。メイクをしていても、頬がペコちゃんのように赤く塗られていたりする。

お化粧をどう捉えるか。これはなかなか難しい。そもそも何を美しいとするか、という基準にしても、国が違えば異なってくるのだから。ここでも『紫 MURASAKI』の場合は、女将さんたちが「菊乃井」で学んできたことを基準にした。つまり「お化粧は大切な身だしなみでありマナーである。それは清潔で健康的で品性があること」。

女将たちはお化粧の指導を、とても重要な仕事と考えてくれた。場に相応しい化粧をすることは、女性、そして人間としての自信も深めてくれることを、社会経験があるだけに、女将たちはよくわかっていたのだろう。

最初はどうなることかと思ったが、本人たちが決められた髪型に慣れ、お化粧に慣れ、そして着付けに慣れてくると、一気にプロらしく、いい意味で仲居らしさが出てきた。毎日、見ているこちらが瞠目するほどの早さで、全体の雰囲気も変わっていったのである。

女将さんたちに聞けば基本的な指導はしたけれど、あとはとにかく「仲居として、使ってはいけない色や化粧品」だけをしっかりと教え、それ以外は本人のセンスに任せたとのこと。上達には女性ならではの「美しくなりたい」という心持ち、そして仕事への熱意が作用していたことは間違いない。

モチベーションが高まれば、それは、本人も周囲も幸せにする——。『紫 MURASAKI』ではスタッフたちに向けた、いわゆる「自己啓発」にも力を入れ、開幕前から全スタッフに対するセミナーを設けていた。毎回異なる講師を決め、スタッフ全員でさまざまなテーマを語り合う場をつくったのだ。四月から、ほぼ二週間に一回開いていたこのセミナーを、開幕後も、とにかく空いた時間を見つけては続けることにした。講師は我々常駐スタッフが交代で務めるほか、上海を訪れた『紫 MURASAKI』の関係者の皆さんにもお願いした。

テーマは「しょうゆ塾」から「夢とは」「仕事とは」「女性と仕事」など、さまざまに展開し、後半は就職相談も行った。

講師の皆さんにはいずれも「生き方の指針」となるよう、話を組み立てて頂いた。料亭の仕事をするうえで、技術はもちろん大切だが、人間性を磨くことはさらに大切だからである。『紫 MURASAKI』は、スタッフが自分を磨く場であってほしい。それは必ず『紫 MURASAKI』にも返ってくると、深澤さんも、私も考えていたのである。

こうして、モチベーションの向上に努めた甲斐あってか、サービス技術も順調に上達していった。

しかし一方で、いくら仲居らしく、日本人のようなしぐさでサービスを、とはいっても、それは職務の上でのこと。休憩時間にも日本人らしいお行儀を求めるのは、文化の押し付けでしかないと私は感じていた。プライベートや休憩時間は、彼女たちが中国の普通の女の子に戻れる時間であり、その間は少し自由にしていても、私たちは基本的に気にはしないことにしていたのである。

鄒 Point 根性論だけでは通用しない

日本式の根性論に基づく「気合教育」、つまり挨拶や接客用後を大声で復唱させるなど、日本によくあるスタイルを、中国にそのまま持ち込む企業も多いでしょう。しかし、ただそれを持ち込み、一方的に強制するだけでは中国人スタッフには浸透しません。「なぜ大きな声で明るく挨拶をするのか」「なぜ毎日繰り返し練習するのか」と、理由や効果を根本から説明する必要があります。理由も理解できずに、ただ強制されていると感じると「日本人から差別されている」などと反感を抱かれ、せっかくの教育も効果が半減してしまいます。

仲居さんたちはオールバックのひっつめ髪で統一、爪は短く切りそろえ、マニキュアは厳禁。まだ若い彼女たちは当初、これを嫌がっていたようです。柿澤さんと女将さんは、研修時から清潔さと機能性が料亭のサービスにとって如何に大切かを丁寧に説明しました。また料亭スタッフ向けのセミナーでネイルアート講習を行ったりする中で、TPOによって使い分けてこそ、おしゃれも美しさも際立つということを伝えたのです。こうして「サービス業の女性として、清潔感のある姿こそが美しい」と納得することで、彼女たちの気持ちも次第に変わっていきました。無理に押し込む教育ではなく、やる気を引きだすことが大事なのだと、彼女たちの成長を見るとわかるのでした。

さらに上を目指すために心を養う

「仲居さんのマナーがとても良いですね。うちの子にも『仲居のお姉さんたちみたいに、お行儀よくなるように頑張りなさい』と話したところです」

お客様はそうおっしゃって、満足そうに帰って行かれた。こうしたサービスに対するお褒めの言葉は日を追うごとに増え、内容も濃くなっていった。仲居さんたちは、たまに小さな失敗をすることもあったが、覚悟していたよりはるかに少なかったし、約束通り、その都度きちんと報告してくれたので、いずれも問題には発展せずに済んだ。

開幕から一ヶ月もたつと、仲居さんたちのお客様に対する気配りはますます細やかになり、所作も美しくなっていった。そうなると、仲居を指導する立場の女将さんや主任は、自然とさらに一段高いレベルを目指そうとするものである。朝礼での女将からの注意事項も、皆が不慣れだった最初の頃より、却って増え、厳しさを増してきたほどである。

それはもちろん歓迎すべきことなのだが、そのために若いスタッフの息が詰まったり、関係が窮屈になっては困る。私はスタッフと個別に面談する時間をつくるほか、朝礼は「ポジティブ朝礼」に切り替えることにした。

私の考えた「ポジティブ朝礼」とは、スタッフ一人一人が
①昨日の自分を反省する
②今日の自分の目標を述べる
③同じ仲居たちのうち、自分以外の誰かを褒める
というものだ。この③がツボである。褒められて嫌な人はいないものだ。褒められて初めて自分のよさに気付き、自信が生まれる。これを始めてから空気が目立って明るく変わっていくとともに、『紫MURASAKI』全体の仕事もさらに洗練されていったのだった。


ともかく六月は、一つの大きな転換期だった。仕事に慣れてきた今こそ気を引き締めなければならない。私はチームの意思をあらためて統合するために、身近な言葉で『紫MURASAKI』のビジョンを示そうと考えた。

もちろん「日本文化の最高をお届けする」という徹頭徹尾の使命は共有しているわけだが、もう一歩、皆にとってより身近に感じられる、精神的な柱を言葉にしたくなったのである。

「それにはやはり『夢』しかないな」

私は面接のときに発した質問を、今度はチームに関わる全ての人に向けて発することにした。

「あなたの夢は何ですか？」

それと同時に、こう伝えた。「『紫 MURASAKI』は夢の集合体だよ。あなたはそこに選ばれた人。みんなが集まればいろんなことができるよ――」

このメッセージは、とりわけ、サービスを担当する仲居さんたちによくわかってもらいたかったので、彼女たちには「手紙」という形で伝えることにした。手元に置いて何度でも読み返してほしい、そう思ったのである。

中国人のメンツ

ものの本を読むと「中国人は謝らない」と書かれていることがある。しかし『紫MURASAKI』のスタッフを見る限り、皆、心から謝る人であり、私が叱らないからといって図にのる様子はない。むしろ、できないことに関しては自分を過剰に責めてしまうので、落ち込まないように気をつかうほどだ。当然、中国の人も謝るべき時はきちんと謝るのである。もし、謝らないとすれば、その人は「謝る必要がない」と考えているか、謝るべきとわかってはいるが「面子《メンツ》」を優先しているか、のどちらかだと思う。中国の人はどんな場面でも面子を非常に重んじるからだ。「謝らない中国人」のイメージは、多くの場合、彼らにとって面子がいかに大切かを日本人が理解しないことから生まれていると私は思う。

スタッフと向き合う中でも、それを忘れてはならなかった。日本人が勘違いしやすいところだが、面子は地位のある男性だけの問題ではない。若くても女性であっても同じである。

誰かに注意を与える時には、周囲に誰もいないことを確かめるなど、常に気を付けた。皆の前で注意すると、本人の面子がつぶれてしまうからだ。どんな小さなことでも、みんなの前では言わずに、別室に呼んで話をする。他の人には、その人を呼び出していることすらわからないようにした。そして、言い方も要注意。ただストレートに注意しても、まず聞いてもらえない。よいところをほめた上で、気になる点を諭すのがよいようだ。

リーダーのフォローにも気を配らなければならない。中国人のリーダーは、部下を集めてガツンと叱るのが普通である。この場合、リーダーがバシバシと飛ばすのを、部下たちは反発もせずに神妙に聞く。

こういうとき日本では、例えば横で聞いているマネージャーなどが「まぁ、みんな普段はよくやってはいるけどね」などとリーダーと部下、双方をフォローする行動に出ることもある。中国ではこれがＮＧのようだ。リーダーの面子がつぶれるからである。

「私が叱った意味がないじゃない!?」とくる。

ただしその逆は、アリである。まず支配人の私がやんわりと話をし、そのあとに女将や主任がガツンと叱るのなら、なんら問題にはならないのだ。

彼らの面子をそこまで気にしなければならないなんて……と思う向きもあるかもしれない。しかし面子が彼らの頑張りを支えていることも確かだ。期待以上によくやってくれた仲居に、褒めるつもりで「ありがとう」と言うと「これは私の仕事ですから」と返される。納得して取り組むからには充分に、しかも当然のこととしてやり通すのであった。

松を育てる

七月。梅雨が明けると本格的な暑さが上海にやってきた。中国の学校が夏休み時期に入ったこともあり、万博会場内はどこも人・人・人。この頃になると、「人気パヴィリオン」はある程度固定化しつつあった。中国館はもちろん、自国の国家パヴィリオンということで絶大な人気だが、外国のパヴィリオンではサウジアラビア館の評判が高く、その待ち時間は最高でなんと七~八時間に及ぶということだった。猛暑の中、ひたすら列に並び続ける来場者たちの、なんと驚異的な熱意であることか!

料亭『紫 MURASAKI』の大事な一員も、この時期、厳しい暑さに耐えていた。それは、中庭の池の上に浮かぶ一本の松である。

その松に、水をやるのが深澤さんの日課だった。深澤さんは毎朝早く、料亭に入り、すぐに作業用の長靴に履き替えて、ひしゃくを手に中庭(池)に入る。そして一〇分程時間をかけて、ひたすら松に水をかける。強い日差しが当たるうえ、ワイヤーで宙に吊られ、池の上に浮かび上がっているこの松の根は、地面に埋まってもいなければ、池の水に浸ってもいない。根から水分を吸い上げることができないため、幹も葉もすぐに乾燥してしまう。そこで、朝はもちろん、その他お客様が入っていない時間帯にもなるべくこまめに水を遣るようにした。深澤さんは、松が元気かどうかがわかるようになるほど、気持ちを込めてこの松を大切にしていたのである。

実は、最初の松は、残念ながら開幕前に枯れてしまった。そして四月三〇日から二本目の松、七月二〇日からは三本目の松へと差し替えられた。そして最後の四本目の松は、万博閉幕後、お世話になった上海大学のキャンパス内に、友好の記念として植樹してもらったのである。三本目以降は中国産の松だったので、深澤さんは「私は中国語ができないからこの松とは意思の疎通ができないなあ」などと冗談を言っていた。

半年という長い期間、深澤さんは松に水を遣り続けた。一日も欠かさずに。つまり深澤さんは会期中一日も休むことがなかったのだ。本社への状況報告でたまに日本に帰るときも、張さんに何回も何回も松のことを頼んでから帰っていた。松について深澤さんは「私が松の世話をしていたというよりも、私が松に支えられていたんだと思っています」とまで言うのである。

中国人スタッフから見ると、なぜプロジェクトリーダー、つまり料亭の総責任者である深澤さんが、水遣りのような仕事をするのかが、不思議だったようだ。中国ではそれは下働きの人の仕事なのに。しかも総責任者として、こんなに忙しいのに……ということらしい。もちろん、日々仕事に追われているのだが、それでも深澤さんは、その合間を縫っては、水遣りの他にも、日本から取り寄せた掛け軸を飾ったり、秋には室内に紅葉の飾りつけをして季節感を演出したり、と料亭の手入れに余念がなかった。障子の破れも、自ら懐紙を切り貼りしてふさいでくれたものだ。

深澤さんは「私が貫きたいのは、自分の仕事、つまりこの場合は『紫 MURASAKI』のために本気で取り組み、仕事を大切にすることです。それには、国の違いや、仕事の大きい・小さいは関係ありません。本気で取り組む姿勢が、周りのスタッフにいつか伝わり、組織全体の雰囲気にもつながっていくと思います」と話していた。

このような船長の船に乗った私は、本当に幸運だったと、当時も、そして今も思っている。

『紫　MURASAKI』の成功は、深澤さんや柿澤さんをはじめとする人々の、さまざまな努力に支えられていました。松の話題が出ましたが、オープン前に起きた包丁の一件でも、深澤さんが解決を願って何度も運送会社へ足を運んだ結果、先方が深澤さんの姿勢に感動し、応援してくれたと言うべきでしょう。彼の強い責任感と謙虚な姿勢には心から敬服したものでした。

もう一つ、深澤さんのエピソードをご紹介しましょう。ある日、深澤さんと私が、万博会場内のVIP専用車に大切なお客様を乗せ、あるパヴィリオンにご案内したときのことです。

真夏の正午で、気温は三八度以上。立っているだけでも汗びっしょりになります。私はお客様が見学を終えてパヴィリオンから出てくるのを待つ間、少しでも涼しいようにと、日陰に入りました。が、深澤さんはパヴィリオンの出口がよく見える日なたに直立不動のまま。心配になった私は側に行って「お客様が出てくるまで四〇分はかかります、あちらで休みましょう」と話しかけましたが、深澤さんはきっぱりと言いました。「万一お客様が途中で出て来られた場合、すぐに我々の姿が見つからなければ心配なさるでしょう。私はここで待ちます」と。そして、どんなに勧めても、「鄒さん、どうぞ心配しないで行ってください。これは私の仕事なの

鄒 Point 「謙虚が大切」中国で受け入れられる日本人

です」と、その場を動こうとしません。

　真夏の日差しの下で四〇分も待ち続けると言う深澤さんに、私は驚きました。しかし結局、私は深澤さんと一緒に、お客様が出てくるまでずっとそこで待っていました。不思議にも、そういう深澤さんと一緒にいたい、という気持ちが強く沸き起こったからです。

　すると、折りしもそこへ、万博当局礼賓部《れいひんぶ》（海外ＶＩＰ接遇担当）の孫部長が現れました。ＶＩＰ専用車の手配などで、大変お世話になった方です。孫部長は汗だくの我々を見て、この猛暑に深澤さんと私がＶＩＰ専用車に同乗できないのは気の毒だと思ったのでしょう。「これを身につければ、お二人と

鄒 Point

もお客様とご一緒に専用車に乗れますよ。どうぞ」と親切にも二枚のＶＩＰカードを差し出して下さったのです。それに対し深澤さんは「ご好意感謝します。でも専用車はお客様が乗るためのもの、私が乗るべきではありません」と丁重に断ったのです。

　やがて、見学を終えたお客様は専用車に乗り込み、次に向かうべく車が発進しました。深澤さんは、その車を恭しく見送ると、すぐに炎天下を駆け出したのです。専用車よりも早く次のパヴィリオンの入口に到着し、お客様をお迎えするために、専用車とは別のルートを走って移動したのでした。その深澤さんの姿を見た瞬間、孫部長の表情

が変わったのがわかりました。

その日の夜、孫部長から深澤さんへ電話が入りました。「食事の席を用意しましたので、ご一緒しませんか？」とのお誘いです。これには驚きました。中国人の常識から言えば、孫部長ほどの役職ともなれば、こちらが望んでも一緒に食事をすることなどできないからです。

きっと孫部長も、中国人として私と同じように深澤さんの仕事に対する真摯な姿勢に深く感動したにちがいありません。そして食事の場では、今後全面的に協力することを固く約束してくれたのです。

深澤さんは、私がこれまで中国で見てきた多くの日本人と違い、常に丁寧に相手に接し、しかも大変なことを率先してやる人です。中国にいる日本人からはいつも「我々は到底、中国人社会には入り込めない」といった発言を聞きます。しかし私は常々、それは、その人がそこへ入ろうとしなかったからではないか、ただ日本の流儀を中国に押し付け、中国人を見下しているからではないかと、感じてきたのです。

鄒 Point

深澤さんのように何処へでも自ら足を運ぶ姿勢、自らの考えはしっかり持ちつつも、我流を押し付けず、教えと助力を乞う姿勢を貫くことこそが、実は中国で成功する鍵なのではないかと感じさせられたのでした。

「サービス業に興味はない」そう言うスタッフもいた

さて、ここまで私は、『紫 MURASAKI』の中国人スタッフについて語るとき、仲居さんたちが皆一様にイイ子で、一途な頑張り屋のように書いてきた。大筋はそうなのだが、実は「問題児」がいない訳ではなかった。そのうちの一人が、りか（本名 李思源）さんである。

それは研修の頃から始まっていた。皆が積極的に行動する中、彼女には何かと熱意が感じられないので、女将たちと私は当初から心配していたのである。果たしてこの子は最後まで頑張ってくれるのか？　そもそもこの仕事に対するモチベーションはあるのか？　それがはっきりと見えなかった。同じ年頃の女の子が二〇名近くも集まって、ライバルに負けじと努力しているのだから、りかさんのような消極的な態度は、指導する側にはとても目に付くものである。

研修中のある時、女将さんが彼女に「この仕事に対する気持ち」を聞いてみた。すると悪びれる様子もなく、りかさんは言ったそうだ。

「私はサービス業に興味はありませんし、将来こういう仕事に就こうとも思いません。でも、自分にどれだけのことができるか試そうと思って、応募したんです」

衝撃的だった。最後の最後まで悩み、しかし私の結論は、彼女を『紫 MURASAKI』の一員として正式採用することだった。彼女の心には言い知れぬ葛藤があって、それが言わせたことなのだろう、もうしばらく見守ってみよう、と考えたのである。

しかし開幕後、彼女の評価は急速に上がった。実はりかさんは日本語のほかに、英語が得意だった。お客様の国籍もさまざまな『紫 MURASAKI』では、その得意の英語を活かせる場面が、少なからずあったのだ。私は深澤さんと相談し、英語圏のお客様は、彼女と、もう一人英語の得意なようこ（本名 梁倩）さんという仲居の二人に重点的に担当させることにした。

料亭ではオープン後ほどなく、「グッドスマイル賞」を設けていた。二週間に一回、最も進歩のあった仲居二名を表彰するのである。研修時にやる気が見えなかったりかさんだが、オープン後に最も成長著しかったのは彼女だった。かくして「グッドスマイル賞」初回受賞者のうち一名は、彼女に決定したのである。

しかし、りかさんの受賞は見送られた。彼女が突然、入院してしまったからである。万博開幕から約一ヶ月が経過した六月初め、彼女は体調不良を訴えはじめ、病院で検査したところ盲腸炎が発覚したのだ。

りかさんの手術は、即、その日の夜中に行われることになった。夜の営業中、女将さん宛てに病院から電話をかけてきたりかさんは、かなり混乱した様子でそのことを伝えてきた。女将さんは「とにかく仕事のことは心配しないで、体を第一にね」となだめたという。

手術日を境に、約一か月間、りかさんは『紫 MURASAKI』を離れることになった。

「りかさん、せっかくいい感じになったところだったのになぁ」

私は、彼女が退院後に『紫 MURASAKI』へ戻ってきてくれるかどうか、不安だった。人はどんなにやる気があっても、その場を長く離れると戻りづらくなるものだから。ましてや、もともと「サービス業に興味はありません」と言い切っていた彼女。せっかく自分なりのモチベーションを見つけ、すばらしい成長を見せていたのに、もしかしたらこの入院がきっかけになり、成長前の彼女に逆戻りしてしまうかも知れない。

後押しが必要だと考えた私は、『紫 MURASAKI』のスタッフ全員で、寄せ書きをつくることにした。また「いつでも安心して戻ってきてほしい、あなたの場所はここにある」という気持ちを手紙に書き表し、寄せ書きとともに届けてもらったのである。

果たしてそれが効いたのだろうか。七月の初め、彼女は『紫 MURASAKI』へ戻ってきてくれた。しかも戻ると同時に更なるやる気を漲らせ、ブランクを埋めて余りある成長で周りを驚かせたのだ。彼女は国賓級のお客様がご来店になった際も、英語での料理説明を堂々とこなし、周りの信頼を勝ち得ていったのだった。

ある時りかさんと、ゆっくり話をしてみた。りかさんは子どもの時から舞踊、二胡など、いろいろな習い事をしたが、どれも身につかなかったという。それがトラウマになって自分を卑下していたらしい。自分をダメな人間だとずっと思っていたが、『紫 MURASAKI』での仕事を通じて、少しずつ自信が持てたというのだ。

そして万博後、彼女はこう言って周りを驚かせた。

「私は盲腸炎で入院して退院するまで、『紫 MURASAKI』が大嫌いでした。でもそのあと変わったんです。今は、『紫 MURASAKI』のことが大好きです！」

一七本のバラに込めたお悔やみの心

七月の、もう一つの出来事。仲居のもも（本名 陶思怡）さんのお祖母さんが亡くなられた。その日の朝、ももさんは目を泣き腫らしてやって来た。そして「すみません、今日は休ませてください」と言う。聞けばここしばらく、お祖母さんの具合が相当悪い状態が続き、ももさんも夜ごとに看護をするも、その甲斐なく亡くなったというのだ。真面目な彼女は、その連絡を電話で済ませようとせず、痛々しいまでの悲嘆を押して一度は出勤してきたのだ。

中国では両親とも働くのが普通だから祖父母は親代わり。ももさんのように一人っ子政策が開始されてから生まれた八〇后・九〇后世代にとっても祖父母への深い想いは同じである。

私としては、彼女のお祖母さんがそこまで具合が悪いとは知らなかった、そのことが残念でならない。それを察してやり、なるべく早く帰れるようにシフトも工夫するべきだったと後悔した。どうにもいたたまれない。私はその晩、お宅へお詫びに行くことにした。

私は鄒さんに聞いた。こういう場合、中国ではどのようなお悔やみをするのかと。鄒さんの答えは「中国流でなくても、柿澤さんらしいやり方がいいと思いますよ」。そこで私は花束を持ってゆくことにした。青いバラを一本選び、その周りを包むように紫色のバラを一六本、束ねてもらう。そのブーケに、ももさんを支えるサービススタッフ一六名——女将、主任、そして仲居たち——の姿を表わしたのだった。真ん中の青いバラは、ももさんである。

ももさんの自宅に着くと、お祖父さんが、とても怖い顔で私にじろりと視線を当てられた。年齢からいって、日本に対して厳しい感情をお持ちなのかもしれない。一瞬身構えた私に、しかし重々しい声で言ってくださった。

「中国人の上司でも、ここまでしてくれる人はいないでしょう。でも日本人のあなたが、よくぞ来てくれました。ありがとう」


それから数日後。そのお祖父さんとお母さんが暑い中、わざわざ『紫 MURASAKI』を訪ねてくださった。

お二人はずっしりと重い箱をお持ちになっていた。弔問の返礼だと言う。中には干支が刻印された一二枚の記念コインセットが入っている。記念コインといえば、中国の人が財産として蒐め、とても大切にしているものだ。そんな貴重なものを私にくださったのである。猛暑のなか、会場へ来るだけでも大変なのに。私は涙がこぼれそうになった。

私が、中国の弔問の習慣は地方や家庭ごとに異なり、例えば、日本の香典袋の書き方やお札の入れ方などのように、ある程度全国で通じる常識が存在するわけではない、と説明すると、柿澤さんはバラの花束を買ってきました。

花束に込めた意味は、説明しなくても、ももさんに伝わっていました。記念コインも、お祖父さんが弔問の返礼として自分でできる一番の表現だったのでしょう。

皆さんにお伝えしたいことは、中国の言葉や文化を知った上で中国人と付き合うのはもちろん望ましいことですが、そうした知識がなくても、気持ちがあれば相手に通じる、ということです。

実は研修当初、ももさんの健康状態に不安を感じ、仲居として採用するかどうか相談した私たちに対し、柿澤さんは「どうしても採用する」と譲りませんでした。内気な彼女が、ここで落とされて自信をなくしたら、それは彼女の人生にとって絶対に良くない、と。

また、料亭オープン直後、壁紙から有害物資が出ていることがわかったとき、柿澤さんが即座に除去作業を指示したのも、特に敏感な体質のももさんのことが心配だったからでした。その柿澤さんの気持ちに応えるように、彼女は努力し、どんどん成長してゆきました。

真心に国境なし

鄒 Point

中国語がわからないのに、言葉以上のコミュニケーションをとれる「柿澤マジック」。こういう、人を幸せにする魔法なら、ぜひ私たちも身につけたいものです。

中国中央電視台・CCTVの取材

八月のある日、私は鄒さんたちスタッフと久しぶりに外で食事をすることにした。朝から晩まで『紫 MURASAKI』に缶詰の日々。たまには気分転換をしようと思ったのだ。行き先は上海出身の仲居さんが勧めてくれた中国料理のお店。席につき、さて注文しようとホールの女の子を呼んだら、その子が笑いながら話しかけてくる。ぽかんとしていると、鄒さんが嬉しそうに通訳してくれた。

「柿澤さんはもう有名人ですね、この子、テレビで柿澤さんを見たんですって」

そういえば少し前、中国のテレビ局が『紫 MURASAKI』を取材し、私もインタビューを受けたことがあったのだ。

『紫 MURASAKI』への取材は、一日五～六件におよぶこともめずらしくなかった。深澤さんと私が中心となって、インタビューに応じていたのである。

プロジェクトリーダーの深澤さんは、『紫 MURASAKI』を通じてキッコーマンが目指す食文化の国際交流を実現するため、さまざまなイベントを開いていた。日本の食文化を、万博という舞台から、中国、そして世界に発信しようとしたのである。

例えば、「中日名厨交流会」。上海市の有名な中国料理シェフたちを招き、彼らと『紫MURASAKI』の料理人たちが、日中の料理と食文化、基礎調味料である醤油について語り合う交流会だ。また他のパヴィリオンの方々を招き、パーティー形式で交流を図ったり、万博会場内のボランティア（彼らのユニフォームが黄緑と白という色合いだったため「小白菜」というニックネームで呼ばれていた）の代表と、料亭の仲居たちとの「サービスについての交流会」を開催したり。地元の主婦を対象に簡単な日本料理の勉強会も開催した。

当初、一人四万五〇〇〇円という値段、日本のサービスや最高の料理、といった話題性のみを目当てに押しかけてきたマスコミも、次第に、私たちのこうした地道な努力に目を開き、そして取材はさらに増えていった。毎日『紫MURASAKI』の誰かが取材を受けているような状況になったため、個々の取材がどんなものだったか、あまり記憶に残っていない。レストランの女の子が見たのはCCTV（中国中央電視台）の番組だという。

正直に言えば、CCTVについて、私はまったくの無知だった。「テレビの私はどうだった？　実物と似てる？」と聞くと、その子はいきなり興奮したように話し始めるではないか。何とCCTVは、私の父がブラッセル万博のときに料理人として参加し、そこで私の母と出会い、結婚した話まで紹介したらしい。

ブラッセル万博……それは父が「つる家」で修業していた一九五八年のこと。万博に「つる家」が出店することになり、父は料理人としてかの地へ派遣されたのだ。そのお店は焼鳥が中心のメニュー構成で、料亭とは異なるが、それでも半世紀もの昔、海外、しかも万博という大掛かりかつ長期の国際イベントに挑んだ先駆者であった。

その子の話は止まらない。私がインタビューで答えた「私の仕事は管理ではなく、ここで働いているスタッフ全員の夢を実現するためにサポートすることです。私の役割はその夢と夢を繋ぐことだと思っています」というコメントにも感動したという。

「とても素敵だと思います！　私も『紫 ＭＵＲＡＳＡＫＩ』で働きたいです！」

そう言ってくれたものだ。私は素直に嬉しかった。

その後も町に出るたび、「『紫 ＭＵＲＡＳＡＫＩ』の柿澤さんですか？」と声をかけられた。自分が有名人になったようで照れくさかったが、ＣＣＴＶの影響力がいかに大きいかが理解できた。このことはまた、上海市当局が万博、そして『紫 ＭＵＲＡＳＡＫＩ』をどのように位置付けているのか、その方向性をわれわれに知らしめる出来事でもあった。

「中国メディアの雄」とも言われる巨大テレビ局、中国中央電視台（CCTV）の名をご存知の方も多いと思います。

柿澤さんはあまり意識していなかったようですが、中国で最も影響力のあるCCTVから取材の申し込みが来るということは、料亭『紫 MURASAKI』が相当の注目を集めていたことの現れでしょう。ちなみにこのとき取材に来たのは「経済チャンネル（CCTV-2）」と呼ばれる人気チャンネルです。

CCTVは、中国中央政府直轄の国営テレビ局です。国営という意味では日本のNHKに近いのですが、異なるのはCMを流し、広告収入で運営されている点です。その広告収入は実に巨額で、中国に約三〇〇ある全テレビ局の広告費総額のうち、約四分の一をCCTV一局が占めるといわれています。

鄒 Point　中国メディアの特徴と企業PR

中国メディアの大きな特徴、それは政治的プロパガンダのツールであることです。中国メディアは中央・地方政府の管理下に置かれ、政府の方針によって報道の内容や量が影響を受けることがままあります。また国や地方の政策、方針について大衆に発信する義務を負わされていることから、政府の重点施策など、政治的重要事項はニュースとしての価値が高い、と判断される傾向にあります。たとえば、上海万博は中央政府・上海市政府の両方が非常に重要なイベントと位置づけていたことから、メディアにとってもまた、報道しなければならない重要な取材対象だったのです。

この特徴を企業ＰＲの視点から考えると、たとえばその時々に中央・地方政府が重点的に行っている施策と、自社の発表したい情報を何らかの形で関連づけてメディアに発信することで、報道される可能性を上げることができる、という利点があります。

ほかにも、中国メディアには色々と日本のメディアとは違う特徴があります。たとえば、記事の転載です。日本の常識からは想像しづらいですが、あるメディアが報道した記事を、別のメディアがその出所だけ明記して、そっくり転載することが日常的に行われています。これは、企業にとって良い記事がどんどん転載された場合には宣伝効果が期待できる半面、ネガティブな情報が次々に転載されて広がってしまうという危険性もはらんでいます。

最後に、中国ではメディアとの付き合いも個人対個人、普段から記者個人とよい付き合いを続けていくことで、互いの理解が深まり、何度も取材に足を運んでくれるようになったり、掘り下げた記事を書いてくれたりします。メディアとの付き合いにおいても、人脈のメンテナンスが重要なのです。

鄒 Point

誕生会の思い出

「今週はスタッフの誕生日があるな。どんな演出をしようかな」

『紫ＭＵＲＡＳＡＫＩ』には、日本人・中国人合わせて常時三〇名以上のスタッフがいた。私は手帳に全員の誕生日を書き込み、その日にお祝いすることにしていた。

お祝いといっても、普通のケーキを買うだけではあまり面白くないし、日々の営業もあるのだから大げさなことは出来ない。考えた挙句、会場内で手に入るもので自作することにした。敷地内のコンビニでチーズケーキを買い、ポッキーをキャンドルに見立てて飾り付けるなど、毎回、私なりのアイディアで精一杯の気持ちを表したのだった。それで感激されればもちろん嬉しいし、「よくやってるなぁ、オレ」と我ながら思わなくもなかった。私は「感動プロデューサー」を自認していたのである。

そんな八月初旬、お昼の営業が終わってほっと一息ついていると、汪《ワン》女将がそれまで見たことのない焦った様子でとんできた。

「支配人、大変です、李主任が、李主任が倒れました！」

「まさか！　ついさっき元気にお客様を見送ったばかりじゃないか！」と思いつつ、私と深澤さんは汪女将のあとについて廊下を走った。李主任が部屋の入り口近くにうつ伏せに倒れているのを見た瞬間、心臓が止まりそうになった。「頼む！　無事でいてくれ！」と祈るような気持ちで李主任の肩を軽くたたく。

「李さん、大丈夫？　どこが苦しいの？」

声をかけるが、焦りと心配で、情けないことに自分の声が震えているのが分かった。長い間ともに過ごし、私は彼女たち全員を家族のように感じ始めていた。たった一人欠けても、『紫ＭＵＲＡＳＡＫＩ』はうまくいかなかったと思えるほど、一人一人が大事な仲間だった。だが、李さんは返事もせず、ぐったりしたままだ。私はとりあえず、部屋の中に入れようと考え、汪女将と一緒に李さんを支え、片手で部屋の扉を開けた。その時、

「ＨＡＰＰＹ ＢＩＲＴＨＤＡＹ ＴＯ ＹＯＵ !!」

と、大きな声がした。なんと、山口女将ほか出勤していた仲居さんたち全員が部屋の中に集合していて、いきなり誕生日の歌の大合唱が始まったのである。そして、倒れていたはずの李さんが、やおら起き上がって私を抱きしめた。

呆然と立ちつくしていると、涙があふれ出た。「みんな！　ありがとう！」という想いで胸がいっぱいになったが、結局何も言えずに、涙を流し続けた。深澤さんも同じように泣い

ていた。

そう、私と深澤さんの誕生日は共に八月初旬で、たったの三日違い。李さんの急病は、二人の誕生日を祝うための演出だったのだ。しかも、サプライズはそれだけではなかった。

その夜、営業終了後に、上海市内のカラオケ店で盛大なバースデーパーティーが開かれた。非番のスタッフまでが駆けつけて全員集合。なんと彼女たちは、深澤さんと私の顔写真をプリントしたTシャツ姿で登場し、私たち二人ソックリにつくられた小さな土人形をプレゼントしてくれた。

「これはやさしい支配人、これは紳士な深澤さん。どうですか？　似ていますか？　私たちにとっては支配人と深澤さんはお父さんのような存在ですから……」

聞けば、その土人形は中国の伝統民芸品の一つで、杭州市でつくられているそうだ。彼女たちは貴重な休日を使い、上海から片道二時間以上もかかる杭州まで、注文・引き取りと二度も往復したことになる。この日のために一生懸命準備してくれていたのだ。

深澤さんも私も感無量。また言葉が出てこなくなる。私は万博という大舞台で、素晴らしい仲間たちに出会えた幸福をかみしめた。中国という国はどれほどの熱い「情」に満ちているのだろう。この日私は、私たち全員が、チーム『紫 MURASAKI』として本当の一枚岩になれた気がしたのである。

その後、土人形は料亭『紫 MURASAKI』の玄関にちょこんと飾られることになった。来店された全てのお客様に、人形にこめられたストーリーを知ってもらいたいような、そんな気持ちの現れだったかもしれない。一〇月になると、土人形には、小さな手編みのマフラーが掛けられた。仲居さんたちが、人形たちが風邪を引かないようにと編んでくれたのである。

私は自分が「感動プロデューサー」であると自認していたが、実は彼女たちこそが、本物の感動プロデューサーだったのだ。

『紫 MURASAKI』最初の卒業生

私と深澤さんのバースデーパーティーで撮影したスタッフ全員の写真を眺めながら、私はこれまでのことを振り返っていた。すでに上海万博が始まって三ヶ月。会期の半分を走り抜けていたのである。約二年前、小林さんからの一言がきっかけで支配人の役目をお受けしたことに始まり、鄒さんと出会い、そして深澤さんと出会った。三月の研修では着物も、正座も、ビールを注ぐ練習も初めての彼女たちが、膝にサポーターを巻いて頑張った。そして上海での盛大な記者発表会を乗り越えた三月二六日。開幕前の一ヶ月は包丁や保冷車を何とかして会場に入れるため、交渉に次ぐ交渉、いろんな人の力を借りて乗り越えてきた。だが料亭の工事が遅れに遅れ、果たしてオープンできるか、とぎりぎりのところまで追い詰められた。そしてやっとの思いでオープンにこぎつけた五月一日。評判は上々だったけれど、実は毎日設備の故障に襲われていた。さらには消防署員、食品衛生管理局の検査官との攻防。朝五時には当番が食材の荷受、また毎朝変わらず中庭の松に水を遣る深澤さんの姿があった。思い出してみれば全員が『紫MURASAKI』のために全力をつくしてきたのだ。

バースデーパーティーを境に、私たちの結束はいっそう強まったが、じつはこの頃、一人のスタッフが『紫ＭＵＲＡＳＡＫＩ』を去る日が近づいていたのである。

「ようこさん、今ちょっと話せるかな？」

七月のある日の休憩時間、私は仲居の一人、ようこさんを呼び止めた。上海の大学を卒業したばかりの彼女は、盲腸炎で入院して七月初旬に帰ってきたりかさんと並んで英語が得意なスタッフだった。

彼女はいつも明るく、はじけるような笑顔を絶やさない、「元気」の代名詞のような女の子だ。全身からいつも、輝くようなオーラを放っている。

ようこさんと二人、料亭の部屋で席に着くと、私は何気ない感じで訊いてみる。

「ようこさん、もしかしたら何か心配なこととか、悩んでることはないかな？」

そう言った途端、彼女はびっくりして

「えー!?　支配人、どうして分かったんですか？」

というではないか。ここ数日ようこさんの表情がほんの少し暗いと感じていた、と伝えると、「実は、すごく悩んでいます……」と彼女は話し始めた。

「『紫ＭＵＲＡＳＡＫＩ』の仕事は一〇月までです。でも今、実は日本に留学するチャンスがあって……。留学は、前から夢でした。でも今行くと『紫ＭＵＲＡＳＡＫＩ』は辞めることになります。仲居の仕事は、日本文化を勉強したくて応募したし、中途半端な気持ちではありません。最後まで、皆と仕事をしたいです。どうしたらいいか分からなくて……」

迷いつつ、言葉を選ぶように話す。

「そうかそうか。そんな悩みがあったのか。よく話してくれたね」

「支配人、申し訳ございません」

彼女は深々と頭を下げた。

「謝らなくていいよ。一つ訊きたいんだけど、さっきようこさんが言ったこと。日本に留学するのは、ようこさんの夢だったの？」

「ハイ、ずっと行きたかったんです」

「そうなんだね……じゃあ、その夢は叶えなくちゃね。『紫ＭＵＲＡＳＡＫＩ』を卒業する時期は、一人一人で違っていてもいいと思うんだ。ようこさんは、日本に留学する夢をかなえるべきだと思う。安心して、僕に任せておいてくれるかな」

と、私が全部を言い終わる前にようこさんが泣きだした。

「支配人、ありがとうございます……」

私たちの料亭『紫 MURASAKI』は、万博会期中、つまり五月～一〇月末までの、期間限定の店舗だ。新たに補充人員を雇うつもりの無い私たちにとって、ようこさんのように活躍している仲居が一人去れば、大きな戦力ダウンとなる。深澤さんに相談すると、しばらく考え込んだあと、返事が返ってきた。

「彼女のこれからの人生を考えると、前々からの夢をあきらめさせることは、私たちの本意にもとりますね」

私とまったく同じ意見だ。この『紫 MURASAKI』は、関わるすべての人にとって、夢をかなえる場所でなくてはならないのである。ここから夢に向かって飛び立つ必要があるのなら、私たちは、快く、笑って彼女を送り出したい。深澤さんも私も、そう感じたのだった。

こうして、八月末、皆に見送られて、ようこさんは『紫 MURASAKI』を去った。スタッフ全員に祝福され、夢を追いかけて日本へと飛び立ったのである。私の手元には、彼女から贈られた一幅の大きな絵が残った。彼女がわざわざ一から中国画法を学んで描いてくれたその絵には、美しく花開いた梅の木に添えて、日本語でこう記されていた。

「支配人の行くところ　枯れ枝にも　花が咲く」

「ようこさんが退職することを、どうしてあっさり許したんですか!?」

　この件を支配人の口から聞いたとき、私は内心そう思いました。これをきっかけに、ドミノ式にスタッフが次々辞めてしまったらどうしようと焦りましたし、さらに言えば、柿澤さんは中国人スタッフの雇用にまつわるリスクを全然わかっていない、とも思いました。

　面接に関するコラムで、人材の選考について書きましたが、ではせっかく選んだ人材との雇用契約では、何に注意すればよいのでしょうか。

　中国人にとって「契約」が持つ心理的拘束力はそれほど強くありませんし、「会社（組織）」に対する考え方も日本人とは違います。中国では歴史的な要

鄒Point 注意！労働契約

因もあって、「政府」や「会社」が頼れるものとは考えない傾向があります。それは相対的に人脈や血族が重視される社会を生み出すもとであり、日本人が抱く「会社のために」という感覚が、中国人にはあまり通用しない理由でもあります。条件のよい職場が見つかれば、収入増のためにすぐ転職したり、退職した途端、会社で得たメソッドや人脈をそっくりそのまま使って同業種で起業したりすることにも、それほど抵抗を感じません。それはむしろ、一種の成功とみなされたりするほどです。

　そういった文化の違いを踏まえ、中国の新労働法も加味した上で、注意深く雇用契約を結ぶ必要があります。中でもトラブルの原因になりがちで注意

が必要なのが、
①勤務時間、とくに残業・休日出勤の扱い
②違約に関する規定、特に契約期間中の退職に対する対処
の二つであり、私は常にパートナーである現地の弁護士のアドバイスを聞くことにしています。この二つに加えて、もし中国の派遣元から人材の派遣をうける場合、
③個人所得税の納税の確認、即ち被雇用者の所得にかかる個人所得税を、派遣元が脱税などの違法行為をせずにきちんと納税しているか
という確認を必ず行うことも大切です。

『紫 MURASAKI』のスタッフは着付けや高度なサービス技術が必要で、

鄒 Point

例えば大量にスタッフが退職してしまった場合、簡単に代替要員を見つけることができません。そのため②に関して私はいっそう慎重になり、「留学（＝辞めること）を許可した」という知らせに対し「契約軽視を招きスタッフたちがドミノ式に辞める」という最悪のパターンを想像したのです。

聞けばようこさんは、それまで誰にも相談できずに悩んでいたと言います。聞きだしたのが私であれば、まず契約書を持ち出して、彼女を問いただしていたでしょう。しかしその場合、この件は「トラブル」となり、もしかすると料亭全体の結束にひびを入れることになったかもしれません。

柿澤さんの言葉を聞いてようこさん

が泣いたのは、「契約違反！」と言われるだろうと悩んでいたところに、思いも寄らぬ励ましに満ちた言葉が返ってきて、一気に安心したからでしょう。ようこさんという一人の人間に、柿澤さんも一人の人間として向き合い、心から相手の将来を考えて留学を促しました。ようこさんだけでなく、他のスタッフたちをも信頼していないとできないことです。

そのことに感動する一方で、私は即座に仲居さんたちが契約している人材派遣会社と連携して、中国人スタッフ全員に注意喚起のメールを発信しました。本来の契約内容とそれを遵守することの重要性を再認識させて引き締めを行うことで、万博会期中の退職が二度と

鄒 Point

起こらないよう、全力で再発防止に努めたのです。

送別会の日、ようこさんは自分なりの精一杯の感謝を柿澤さん、そしてスタッフたちに伝えました。そして誰もが、彼女との別れを惜しみつつも、その未来を祝福したのです。

結果、スタッフが続けて辞めるどころか、料亭の結束は一層強まりました。心と心で対話し、スタッフの将来を一番に考えた柿澤さんと深澤さんの決断を、ようこさんだけでなく、誰もが重く受け止めたのでしょう。

中国人・日本人という枠を超えて、周りの人々を繋ぎ、成功に導いていく「柿澤マジック」を、ここでもまた目の当たりにしたのです。

厳戒態勢下のキッコーマンウィーク

上海万博の開催期間も、残すところ二ヶ月足らずとなった九月のある日。

「ごめんなさい。こんなときに、こういう話をしたくはないのですが」

鄒さんが真剣な面持ちで切り出したのである。実はこのとき、料亭『紫 MURASAKI』は重大なミッションを間近に控えていた。「キッコーマンウィーク」である。

日本産業館の野外ステージでは、上海万博の会期中、出展企業・自治体が、持ちまわりで様々なPRイベントを行っていた。キッコーマンは九月一四日から二週間にわたり、キッコーマンウィークと題してステージイベントを行うのだ。

仲居さんたちも『紫 MURASAKI』を代表してステージに上がることになっていた。キッコーマンのうた「おいしいってなあに?」にあわせて、キャラクター「なあにちゃん」と一緒に踊るダンスでは、揃いのTシャツを着て登場。また「撮影会」のコーナーでは、和服を着た二人の仲居さんがステージに上がり、観客との記念撮影に応じることになっていた。

彼女たちが、わずかな休憩時間を使ってダンスの練習に励む中、キッコーマンの広報担当、山下さん、三好さんもステージイベント全体を取りしきるため、東京から駆けつけた。お二人は、仲居さんたちがはじめて公の場で披露された三月二六日の記者発表会をはじめ、開幕前から料亭全体のPRや、次々とやってくるメディアへの対応を担当、いわば『紫MURASAKI』の対外的なイメージを支えるための非常に重要な役目を担ってきた。そのお二人にとっても、キッコーマンウィークはまさに上海万博における天王山だったのだ。

鄒さんがしぶしぶながら爆弾を落としてきたのは、こうして、皆がイベントの準備に夢中になっているときのことだった。

「言いたくはないのですが、でも、大事なことですから……」

私は一瞬身構える。これまでも色々問題があったが、今回の鄒さんはいやに神妙だ。今度はいったい、何？

「実は、キッコーマンウィークが九月のこの時期だということを聞いてから、ずっと、何故よりによってこのタイミングで？ と思っていました」

「なに？ タイミングに問題があるの？」

と私。

「大ありです。九月一八日が近づいていますよ」

鄒さんが言い終わったところで、私よりも早く、歴史に詳しい深澤さんが反応した。

「そうか、満州事変!」

「その通りです。相当、気を引き締めてステージイベントにかからないといけません」

なるほど。日本人が中国でビジネスをするときには、歴史問題という落とし穴もあるわけか……。でも正直、当時の私には、どの程度気をつければいいのかよく分からなかった。

「本当に、そんなに大変なこと?」

「用心に越したことはないですよ、柿澤さん。とにかく、日中間の歴史問題に関わっている日には、日本人や日系企業は気をつけるべきです。私が開幕前に料理人の皆さんに配った『リスク管理マニュアル』があったでしょう? あれの繰り返しになりますが、これからしばらくは敏感な時期ですから、外での言動にも、気をつけるようにしてください」

そして、いよいよキッコーマンウィークが始まった。

私たちの心配をよそに仲居さんたちのパフォーマンスは大好評を博した。珍しい着物姿の仲居と一緒に写真が撮れるということで、撮影タイムには順番待ちの長蛇の列ができた。ダンスが始まると中国人の子供たちもステージに上がって一生懸命踊り、親たちはその姿を熱心に撮影。ステージ全体が和やかな雰囲気に包まれた。やっぱり、そんなに心配することはなかったんじゃないか？　と、そっと安堵した。

そうやって、九月一八日の朝がやってきた。

「え!?　なんだか昨日までと雰囲気が違うんだけど……」

その朝、ステージ脇から周りを見まわした私は、ひと目で鄒さんの言っていたことを理解した。昨日までは、ちらほらとしか居なかった制服姿の警官が、明らかに倍以上に増えているのだ。あまりの物々しさに、すこし圧倒される。一気に心配になってきた私に、鄒さんが言う。

「当局も、ちゃんと協力してくれてるんですね」

そうか。万博当局も上海市も、安全第一の考えに基づいて日本産業館に配備する警官を増員してくれているのである。物々しいが、これはつまり当局からの心配りだということか。

中国で仕事をするとなれば、日本にいるとき以上に歴史問題への理解と自覚、そして対処が必要ということなのだろう。改めて身が引き締まる思いがした。

鄒 Point 中国の記念日とリスク管理

日中戦争や第二次世界大戦に絡む歴史問題は、日中両国がビジネスで関わっていく上で避けては通れません。中国に進出する日本企業は、関連する記念日等に特に注意が必要です。

そうした日は満州事変勃発の日である九月一八日以外にもいくつかありますので、以下に例を挙げてみましょう。

五月四日の「中国青年節」は一九一九年の同日に発生した反日・反帝国主義運動である五四運動に由来。

六月四日は天安門事件の発生日。

七月七日は盧溝橋事件（中国では「七七事変」と呼ばれる）の発生日。

八月一日の「建軍節」は中国人民解放軍の設立記念日。

八月一五日は、日本では終戦記念日ですが、中国にとっては実質的に日本の支配から解放された日で、両国の国民は同じ日をまったく違う気持ちで迎えます。靖国問題もこの時期になると騒がれ始めますので、注意が必要です。

これらの日を含む前後数日間は、トラブルを避けるため、言動に気をつけ、目立つイベントの開催などをできるだけ控えたほうが無難でしょう。何の政治的意図もなく、また純粋な商品のPRであったとしても、時期的に「反日」に傾いたムードの中では曲解される可能性があります。

また、地域性の問題もあります。南京、西安、成都などでは、過去の事から日本に対する特別な感情があり、時期に関わらず注意が必要です。

　とはいえ、中国の全ての記念日や祝祭日が日本にとって不利なものかというと、勿論そうではありません。日によっては上手く活用し、宣伝効果を高めることができます。

　例えば、九月二九日の「日中国交正常化記念日」や三月一五日の「中国消費者権益日」には、日本の高品質な商品のアピールが有効です。また、三月八日の「婦女節」は女性向け商品を、六月一日の「児童節（子供の日）」は子供向け商品を、それぞれ拡販するチャンスです。

　中国の人々は常に反日姿勢でいるわけではなく、品質の良い日本製品は中国で

鄧 Point

も人気です。また若者の中には「哈日族《ハーリーズウ》」といって、ファッションをはじめ、アイドル、マンガ、アニメといった日本カルチャーの熱烈なファンが、かなりの数存在しているのです。歴史問題ゆえに中国を警戒しすぎることなく、留意しつつポジティブに発想していくことが大切ではないかと、私は考えています。

　最後にもう一つ私からのアドヴァイスを。中国の旧暦八月一五日は「中秋節」。「春節」、「清明節」、「端午節」と並ぶ「中国四大伝統祭り」の一つであり、会社では福利厚生の一環として従業員に「月餅」を配るのが一般的です。これをしないでいると、従業員からのブーイングは必至ですので、どうぞお忘れなく。

そして奇跡がおとずれた

一〇月がやってきた。この月を逃すと、もう二度と『紫 MURASAKI』の料理は食べられなくなる……人々のそんな気持ちの表れか、どの部屋もあますことなく満席という日が続いた。

万博当局からは、当局制作の3D公式記録映像の中に『紫 MURASAKI』を入れたいとの要請があり、撮影チームが派遣されてきた。さらに食品衛生管理局までもが、優良モデルケースとして、『紫 MURASAKI』を記録に残したいと言ってきた。開幕直後、厨房の定期巡回検査でもめていたことも、いまや懐かしい思い出である。

またこの頃は、ラジオやテレビ、新聞などでも「万博総集編」ともいえる総括番組や特集記事が次々と組まれており、その取材班が続々と取材を申し込んでくる。支配人たる私には、『紫 MURASAKI』を万博と同時に終わらせるのは惜しいので、中国のどこかで営業を続けてほしい、との声がたびたび聞こえてきた。万博全体が、そしてそこで出会った多くの人々が、料亭『紫 MURASAKI』の素晴らしさを認め、別れを惜しんでくれていたのである。

『紫ＭＵＲＡＳＡＫＩ』には、多くのリピーターのお客様にご来店いただき、そしてメディアの記者たちも、繰り返し取材に足を運んでくれた。これほどの頻度で取材を受けたのは、万博のなかでも『紫ＭＵＲＡＳＡＫＩ』ぐらいではないだろうか。

私たちは、満席の業務の間をぬって、これまで『紫ＭＵＲＡＳＡＫＩ』を支えてくださった方々——万博関係者、メディア関係者、そして業者の皆さんに対するお礼の会を三回開いた。

それは各回三〇人ほどの方々をお招きしての立食パーティー。来て下さったのは、皆万博という華やかな舞台を支えるため、ただひたすら現場で仕事にまい進しつづけた陰の立役者たちであり、そして『紫ＭＵＲＡＳＡＫＩ』を支えてくれた人々であった。私たちと同じように、それぞれの情熱を胸に真剣勝負の日々を戦い抜いてきた彼らに、料理人たちの心づくしの料理を味わって頂き、ひととき、なごやかな時間を過ごす。

キッコーマンがこのパーティーで伝えたかった「ありがとう」の気持ち。それはけっして万博の閉幕、『紫ＭＵＲＡＳＡＫＩ』の閉店と共に終わるものではなく、これからも続くお付き合いへのご挨拶でもある。それをあらわすのに、料理は最高の言葉となる——おいしい料理を召し上がっていただくことで、気持ちを伝えられるのだ。私はつくづく、料理という存在のありがたさを思わずにはいられなかった。

一日一日を大事に過ごし、いよいよ迎えた最終日。朝礼では開幕日と同じ「これまで通りでいいのです。私は皆さんを誇りに思います」という挨拶をした。

板場はいつもと変わらずキリリと仕事をしている。仲居さんたちの笑顔も一段と輝いている。それでも、心の中では皆泣いていた。嬉しいとか悲しいとかではなく、こみ上げてくるものを押さえきれないのだ。

そんな皆の様子を見るうち、これはまるで奇跡だと、私は思いはじめていた。奇跡を起こそうとしているのは、ここに関わる全ての人の熱意。皆が夢を語り、追いかけてきて、チーム『紫ＭＵＲＡＳＡＫＩ』はいま、その結実である奇跡を目前にしているのだ。

それはきっと、オーケストラのハーモニーにたとえられるだろう。料理人、女将と仲居、キッコーマンのスタッフ、関わってくれた業者さん――トラックの運転手さんも八百屋さんも水道屋さんも、皆が楽器になって音を奏でているようだ。私は幸せにも、このすばらしい楽団の指揮者であったのか！

最後のお客様を送り出して振り返ると、皆一様に、なんともいえない表情をしていた。それは半年間の仕事をなし終えた、という達成感と、『紫 MURASAKI』で流れた時間を共有した大切な仲間たちと別れなくてはならない、という寂しさが去来するからに他ならなかった。

総勢三四名のスタッフ全員と抱き合い、お互いの頑張りをねぎらい合った。

ふと、『紫 MURASAKI』の壁が真っ白いことに気づいた。そうだ！

「この壁に、皆の想いを書こう！　好きなことを、好きなだけ書いていいから！」

何て書くのかな？　と見守っていたが、彼女たちが壁につづっていく言葉に、ふざけた内容は一つもなかった。

「ありがとう！」

「感謝しています」

「ここへ来てよかった！」

胸を熱くしながら、私も書いた。一人一人に語りかけるつもりで。

「皆さん、ありがとうございました。どうですか？　『宝もの』は持ち帰れましたか？」

そして最後のところに似顔絵を描き加えた。すると皆、その前で記念写真を撮ってくれて……。

実はこの日のために、私は全員に「感謝状」を用意していた。あなたがいたから『紫ＭＵＲＡＳＡＫＩ』が存在できた、誰一人欠けても、私たちの『紫ＭＵＲＡＳＡＫＩ』は存在しえなかった……そんな気持ちをこめた感謝状。一枚一枚手渡ししながら、ただ、ありがとうの言葉だけが口をついて出た。

感謝状は私からのささやかなお返しだった。私は皆に宝ものをたくさん渡したつもりだった。でも、いちばんたくさんもらったのは、実は私自身だった。

こうして上海万博一八四日間の幕は降りた。たくさんの「おいしい記憶」を、料亭『紫ＭＵＲＡＳＡＫＩ』に関わったすべての人たちの心に残して――。

エピローグ　愛する中国よ、『紫 MURASAKI』よ

時は二〇一〇年一二月一六日。上海万博が終わってから早くも一ヶ月半が過ぎていた。万博開幕前の「どうやってオープンまで持って行くのか」というプレッシャーから、オープン後のトラブル処理の日々、そして、その中から生まれてきたスタッフたちとの深い絆。終わってみれば一八四日間は本当に一瞬の夢のようだった。

料亭『紫 MURASAKI』は万博の半年間で、延べ三〇〇〇〇人以上のお客様をもてなし、国内外の多数のメディアに取り上げられた。その名は万博という舞台をはるかに越え、中国、そして世界に伝わった。たった半年間であったが、数千名もの『紫 MURASAKI』ファン、いや、日本の食文化ファンを生み出した。その効果か、万博会期中から上海周辺では「本物志向」を標榜する日本料理店が増えるほどだった。

そして、私はキッコーマン広報担当の山下さんから、さらに嬉しい知らせを受け取った。料亭『紫 MURASAKI』の運営にともなう広報活動が評価され、社団法人日本パブリッククリレーションズ協会 PRアワードグランプリ二〇一〇において、キッコーマンが「コーポレート・コミュニケーション部門最優秀賞」を受賞したというのだ。

受賞の知らせとともに、山下さんからは感謝の言葉をいただいたが、むしろ恐縮してしまった。料亭の一員として、メディアの取材調整などに力を尽くしたのは、広報担当の彼や三好さんに他ならなかったからだ。『紫 MURASAKI』のことを世界中の人々に伝えるための彼らの頑張りもまた、スタッフ全員の大きな励みとなっていた。

私は帰国後、昔の師匠や友人から「柿澤さん、奇跡をつくりましたね！」とよく言われた。しかし、そうではない。この奇跡をつくったのは私ではなく、チーム『紫 MURASAKI』の一人一人なのだ。全員の夢と想いが一つになり、大きなパワーとなって、ありとあらゆる壁を乗り越え、このような成果を残すことができたのだ。我々がつくったこの料亭『紫 MURASAKI』が、万博の長い歴史に刻まれる一つの華麗なる花火であったことは、間違いないと感じている。

東京に戻った私は、体を休め、家族のために料理をつくり、一緒に食べ、上海にいたあいだ聞けなかった話をたくさん聞き……子供の学校の送り迎えもした。でも、そうする間にも『紫 MURASAKI』のことがアタマを離れない。

久しぶりに乗った山手線。ホームの整列乗車に「ああ、ここは日本だな」とつくづく実感。でも、なんだか落ち着かない。見回したら乗客がみんな同じ顔、というか同じ表情なのだ。

すごく冷たい印象で、まるでオカルト映画を見ている気分になる。中国の地下鉄ではご飯を食べたり、持ち込んだ椅子を広げたりして、乗客それぞれが勝手気ままの大さわぎ。でもお年寄りが乗ってくると、われ先にと席を譲っていた。

日本は、自由だといいながらその実「右向け右」の社会。中国は、その逆だ。安易に口にすると叱られるかもしれないが、日本は民主主義を掲げながら、実は共産主義、いや全体主義ではないだろうか？　それと比べて中国は、みんな一人一人がバラバラ。だが行き着くところは見えていて、全体で共有できているように思えるのだ。

中国人は、「一人でいれば龍であるが、大勢集まると蟻になる」と言われているという。日本人はさしずめ、一人一人は蟻で、それが集まって龍になる、というところか……。

あとで聞いたら、『紫 MURASAKI』の日本人組はみな私と同じ気持ちだったようだ。会期中に任期を終えて、一足先に自分の店に戻った料理人たちも、慣れた職場でふたたび張り切る一方で、『紫 MURASAKI』での日々が忘れられず、食材は今日もちゃんと入っただろうか、などと考えてしまっていた、というのだ。私もふくめて日本人スタッフにとっては、自分の心が『紫 MURASAKI』に寄り添っている上に、中国への離れがたい愛着で満たされていることに気づいたのである。

「柿澤さん、中国式の乾杯でお願いします」

笑いながら私にグラスを差し出したのは張さんだった。周りを見ると、何と『紫ＭＵＲＡＳＡＫＩ』のスタッフが全員勢ぞろいで楽しく食事をしていた。夢かと見まごうばかりの光景。だが、うれしいことにそれは現実だった。

万博終了後、キッコーマンは、仲居八名（卒業生二名を含む）と厨房アシスタントの男子スタッフ五名、計一三名の上海大学生の働きぶりを認め、上海大学と提携して『紫ＭＵＲＡＳＡＫＩ』基金を設立し、食というテーマで共同の調査研究を始めた。また、中国人スタッフ全員を日本に招く三泊四日の研修旅行を実施。料亭『紫ＭＵＲＡＳＡＫＩ』が成功したことへのご褒美とは言え、破格の措置だ。プロジェクトリーダーだった深澤さんはもとより、その上司である国際事業本部の堀切本部長（当時）が、多忙な中でも上海の『紫ＭＵＲＡＳＡＫＩ』をたびたび訪れ、スタッフたちの努力を見守ってくださったからこそ実現した旅行である。その中で、スタッフたちに日本の料亭を体験させようと設定された「菊乃井」赤坂店での食事会。そこで私たちは再び一堂に会することができたのだ。

私はスタッフ一人一人に声をかけ、それぞれの「夢」の実現状況を確認する。彼ら全員が、それぞれ自分のちからで、自らの夢に向かって新たなスタートを切っていた。

汪《ワン》さんは既に新たなビジネスを始めていた。李主任は中国の大手外食チェーンにスカウトされ、現在その傘下の日本料理店のマネージャーになっている。あみ（瀋梅）さんは日本の大手結婚式場への就職を果たして来日。ようこさんは日本で留学中、みさき（任倩）さんは大手パソコンメーカーへ就職、厨房アシスタントであった顧《コ》君は中国最大手の鉄鋼企業、あおい（王拓）さんは日系の上場企業二社から内定をもらっていた。メディア総研も万博の実績が認められ、中国へ進出しようとする日本企業から問い合わせが殺到しているようだ。

チーム『紫 MURASAKI』の全員が新しい目標に向かって飛び立っていた。私は彼らの生き生きとした姿を見て、目頭が熱くなるのを感じ、そしてゆっくりと確心した。いつの間にか、自分が彼らを本当の子供のように感じていることを。「皆、ありがとう！」と、私はあらためて、胸の中で叫んでいた。

ありがとう、皆さん！　ありがとう、万博。そして、ありがとう、中国！　宝もののような記憶をいっぱいくれて、ありがとう！

謝辞（あとがきにかえて）

この本が出来るまでに、本当に多くの方々のご支援を頂きました。

本書にも出てくるキッコーマンの小林浩さんがおっしゃった、

「柿澤さん、万博が終わったら絶対本にしなさいよ。必ず本にできるよ」

という一言がきっかけで、本書が生まれました。あの一言が無ければ、この本は皆様の手に触れることは無かったでしょう。小林さん、ありがとうございます。


料亭『紫 MURASAKI』のプロジェクトに関わった二年間、中国でたくさんの人々と出会い、日本ではできない経験をさせていただきました。キッコーマンの茂木会長（当時）から、「よろしく頼むよ！」とお声がけいただいた時には、うれしさと同時に、改めて重責に身が引き締まる思いでした。また当時、国際事業本部長であった堀切さんは、ご多忙のなか何度も上海万博の会場まで足を運んでくださいました。「柿澤さんに頼んでよかった！」という温かいお言葉に、どれだけ救われたことか。日本文化の最高を伝えるという使命を、料亭『紫 MURASAKI』と、そこで働く私たちの心に吹き込んでくださったお二方に、心から深謝いたします。

段ボール箱を机代わりに会社を立ち上げたお話をお聞かせくださった、メディア総合研究所の吉野社長。夢をあきらめず、本気で立ち向かうことのすばらしさを教わりました。さらにこの本を書くことで、中国で夢を実現しようとする多くの方をお手伝いしたいという、私の願いを叶えてくださったことに、御礼を申し上げます。

『紫MURASAKI』で寝食を共にした心友、メディア総研の鄒さん、張さん、小林さん。中国の文化について教えてくれたこと、想いを形にするまで根気よく付き合ってくれたこと、そして今や兄弟ともいえる間柄になれたこと、温かく支えてくれたことに、心から感謝しています。この本に熱い魂が入っているのは、他でもないメディア総研のメンバーのおかげです。


深澤さんからは、次々と降りかかる難題の中、冷静な対処と、絶対にあきらめない不屈の精神を学びました。心にいつも情熱を持ち、お茶目でダンディー。我慢強く、いざという時に頼りになる。兄がいない私にとって深澤さんは、良い兄貴です。

たびたび上海まで足を運んでくださった、広報担当の山下さん、三好さん。万博という一種隔離された環境で、ときに離れ小島にいるように感じることもありました。そんな中、東京から飛んできてくれたお二人は、最高のムードメイカーでしたね。また山下さんには、本書の執筆についても気にかけていただきました。感謝しています。そして会期中に初めてのお子さんが生まれたキッコーマンの高木さん。幸せのおすそ分けをいただきました。みんなで一緒に、どれだけ喜んだことか！

「菊乃井」「たん熊北店」「魚三楼」の皆様には、厳しい環境の中、無理難題にお付き合い頂いたこと、また、一緒に仕事が出来たことに、心から、御礼申し上げます。特に「菊乃井」の村田さんには、大変お世話になり、組織全体への心配りを学ばせていただきました。そして調理場を仕切ってくれた林さん、福士さん、その二人とともに日夜奮闘してくれた大林さん、山内さん、渡邊さん、上江洲さん、林（藤原）さん、牧平さん、山本さん、村川さん、三浦さん。日本の料理人ここにあり、というところを、中国に、そして世界に示してくれましたね。

仲居さんたちをまとめ上げた汪さん、山口さん、李さん。また料亭で一番目立たない仕事を、愚痴も言わず黙々とやってくれた厨房アシスタントの男の子たちと、立派にサービス技術を身につけた仲居さんたち。誰一人欠けてもできなかったミッションだったと、今でも強く思います。いつもあなた達に、両手に抱えきれないくらいの宝ものを渡そうと思っていました。でも、私の方がたくさんもらって日本に帰ってきました。それは、一生の宝ものです。心から、ありがとう。

そして、共鳴館で夢の力を教えてくださった福島館長と、同じく共鳴館の皆様にも、御礼を申し上げます。私は「夢が叶う」だけでなく、それ以上の経験をさせていただきました。

他にも数えきれないほど多くの方が、このプロジェクトに関わり、料亭『紫ＭＵＲＡＳＡＫＩ』を支えてくださいました。この場をお借りして、その全ての皆様に、改めて感謝申し上げます。


最後に、私が鄒さんから聞いて、ずっと大切にしている言葉をひとつ、この本を読んでくださった皆様に贈りたいと思います。

『人と人との関係は、国と国との関係とは違う』

鄒さんはいつも言います。

「今、中国は未曾有のスピードで成長を続ける中で刻々と変化しており、その変化の速さに、国民の概念や国の体制が追いつけないため、様々な矛盾や、ひずみが生まれています。日本で報道される中国関連のニュースにも、そうしたひずみを表す報道が多く、それを見て、中国に対しマイナスのイメージを持つ人も多いでしょう。しかし、実はそういう報道を見ても、現地で暮らす人々の気持ちまではわからないのです。もちろん、両国の間に政治・歴史の問題が横たわっているのは事実ですが、国同士の関係と、血の通った人間同士の付き合いは別のものです。人間同士のつながりは、国と国の違いを超えていくことがきっと出来るはずです」と。

これから中国に飛び込もうとしているあなたにこの言葉が届き、そしてあなた自身が、身をもってそれを実感できる日が来ることを、心から願ってやみません。

二〇一一年一〇月

柿澤 一氏

柿澤 一氏（かきざわ ひとし）

株式会社柿澤総合事務所代表
フード・ビジネスプロデューサー

関西料亭つる家にて修行。

アメリカワシントンDC日本大使館総料理長として渡米。

2003年からレストランのコンサルタント、食料品メーカー顧問等、企業の「食の夢」を支援するコンサルタント事業のほか、「本気のレストラン運営」「社員を動かす本気の伝え方」「誰でもわかる、チャンスの扉の開き方」等をテーマに国内外における講演活動を積極的に行う。

2008〜2010年　キッコーマン株式会社　上海万国博日本産業館出展実行委員会スーパーバイザー＆料亭『紫　MURASAKI』総支配人としてプロジェクトに参画。

2011年　財団法人経済広報センター、及び社団法人能率協会　第47回マーケティング総合大会にて講演。

現在、食に関連する事業へのアドバイス、コンサルタント、プロデュースを行い、食の発展のため本気の活動を行う。


（柿澤総合事務所：http://www.h-kakizawa.com）

中国情陸　中国人から学ぶ 中国ビジネスの極意

2011年10月15日　初版発行

著　者　柿澤一氏
発行者　吉野眞弘
発行所　株式会社メディア総合研究所
〒151-0051
東京都渋谷区千駄ヶ谷4-14-4　SKビル千駄ヶ谷4F
電話番号　03-5414-6210（代表）
03-5414-6532（直通）
振替　00100-7-108593
http://www.mediasoken.jp

装　丁　asデザイン室
カバーイラスト　村岡ケンイチ
構成・編集　越田昇　吉川優子
印　刷　朝日精版印刷株式会社
製　本　広島日宝製本株式会社

ISBN978-4-944124-48-0